本书获得以下项目支持：

上海立信会计学院专著出版资助基金

上海市教委科研创新重点项目“社会资本与公司融资决策：理论动因及其经济后果”（14ZS158）

上海立信会计学院会计研究院基金资助项目“民营企业的社会资本与债务期限结构研究”（14kjyj08）

制度安排、非公开发行股票与大股东自交易

郭思永　著

立信会计出版社
LIXIN ACCOUNTING PUBLISHING HOUSE

图书在版编目(CIP)数据

制度安排、非公开发行股票与大股东自交易/郭思永著. —上海：立信会计出版社，2016.10

ISBN 978-7-5429-5230-1

Ⅰ. ①制… Ⅱ. ①郭… Ⅲ. ①上市公司—股份制—研究—中国 Ⅳ. ①F279.246

中国版本图书馆 CIP 数据核字(2016)第 255785 号

策划编辑 孙 勇
责任编辑 黄成艮 孙 勇
封面设计 南房间

制度安排、非公开发行股票与大股东自交易

Zhidu Anpai Feigongkai Faxing Gupiao yu Dagudong Zijiaoyi

出版发行	立信会计出版社		
地　　址	上海市中山西路 2230 号	邮政编码	200235
电　　话	(021)64411389	传　　真	(021)64411325
网　　址	www.lixinaph.com	电子邮箱	lxaph@sh163.net
网上书店	www.shlx.net	电　　话	(021)64411071
经　　销	各地新华书店		

印　　刷	江苏凤凰数码印务有限公司		
开　　本	787 毫米×1092 毫米	1/16	
印　　张	13.75	插　　页	1
字　　数	168 千字		
版　　次	2016 年 10 月第 1 版		
印　　次	2016 年 10 月第 1 次		
书　　号	ISBN 978-7-5429-5230-1/F		
定　　价	39.00 元		

如有印订差错，请与本社联系调换

前　言

公开发行和非公开发行是资本市场证券融资的两翼，而新股增发作为上市公司后续融资的重要手段，也是公司财务研究中一个重要的研究课题。由 Coase（1937，1960）、Alchian（1965）、Demsetz（1964）、Williamson（1979）、North（1981，1990）等发展起来的新制度经济学强调了制度对人们经济行为的决定性影响，在资本市场中，这体现于不同制度安排所引致的不同融资方式的交易成本并不相同。理论分析和实证经验已经表明政府所供给的制度安排在维护市场健康运行中的重要性（Grossman 和 Hart，1988；Lin，1989；Shleifer 和 Vishny，1997）。在股权集中的市场微观结构中，如何通过有效的制度安排，抑制大股东自交易行为（Johnson 等，2000b；Djankov 等，2008），使其他投资者，特别是中小投资者获得投资回报一直是公司治理所面临的核心问题。衡量政府所设计的制度安排有效性的标准，一是要以保护弱者为立足点；二是要考虑制度安排效率扭曲的可能性。非公开发行股票作为非公开发行的一种方式，作为股权分置改革过程中的一项制度创新，现阶段已越来越受到政府监管部门、上市公司和投资者的青睐，但在保护中小投资者利益、配置资源效率等方面的效果，则是一个需要实证检验的问题。

本书以中国股权分置改革后进行非公开发行股票的上市公司为研究对象，首先从比较法的角度对中国和西方成熟资本市场国家（主要指美国）非公开发行制度进行比较和评价，并以中国资本市场全流通环境为制度背景，在回顾现有文献基础上，构建了中国上市公司在非公开发行股票制度下进行非公开发行股票的经济行为及其对公司价值影响的理论框架。以此为出发点，本书着重研究了以下四个方面的问题：一是上市公司非公开发行股票的定价问题；二是上市公司选择非公开发行股票再融资行为的动因分析；三是股票市场周期波动对非公开发行股票定价及其大股东自交易的影响；四是非公开发行股票政府监管问题的研究。

通过理论分析和经验研究，本书有如下一些发现：

(1) 通过与西方成熟资本市场国家（主要指美国）所实行的非公开发行制度进行比较，发现中国非公开发行股票在制度定位、发行对象、发行程序等方面与美国存在相当大的差异，这种差异既来源于中国政府监管部门制度安排设计的定位不够明确，也来自制度背景的差异，因为非公开发行股票这项制度安排的效率极大地依赖其他有关制度安排的存在。

(2) 在对大股东控制下的上市公司非公开发行股票折价的研究中，本书发现：①大股东的机会主义行为是影响上市公司进行非公开发行股票的重要因素，并且发现，上市公司非公开发行股票的折价水平和大股东认购比例共同决定了大股东从上市公司转移财富的多寡;②良好的投资保护环境能够降低非公开发行股票折价水平,从而抑制大股东借助非公开发行股票的自交易行为。

(3) 公司所投资项目的质量是影响上市公司选择非公开发行股票还是公开增发的重要影响因素。由于控股大股东拥有信息优势并掌控着融资方式的选择权,当投资项目未来前景较好时,大股东会选择非公开发行股票并积极参与。这种歧视性的融资交易行为剥夺了公众股东的投资机会选择权,侵害了中小投资者的利益,是一种更具隐蔽性的大股东自交易行为。

(4) 本书还研究了市场时机对非公开发行股票发行价格的影响。研究发现,当证券市场处于股市下行周期时,上市公司非公开发行股票折价程度相较于股市上行周期时要大;在股市上行周期,大股东借助增发折价进行了更多财富转移。

(5) 通过对非公开发行股票制度所构筑监管模型的分析,本书发现公司透明度和对大股东持股的流动性限制都是维护证券市场健康运行、保护中小投资者利益的重要工具,而政府出台的非公开发行股票制度必须依据监管环境,权衡社会信息披露成本和流动性限制成本。据此,本书分别从投资者保护环境建设、非公开发行股票再销售、大股东认购价格制度约束等方面提出相应的政策建议。

总之,本研究结果表明,股权分置改革以来,中国政府监管部门所推出的非公开发行存在一定的制度性缺陷,从而引致上市公司的大股东借助非公开发行股票进行财富转移。究其根源,这项制度安排有两大不足:一是制度定位不够准确,没有立足于保护中小投资者利益;二是很容易受到上市公司大股东的扭曲,不仅没有达到政府监管目标,反而为大股东的自交易行为披上了合法和创新的外衣。

目　　录

第1章 引 言

1 研究动机

公开发行和非公开发行是资本市场证券融资的两翼，而新股增发作为上市公司后续融资的重要手段，也是公司财务研究中一个重要的研究课题。Modigliani 和 Miller(1958)认为，在一个理想状态的资本市场中，企业价值与它的融资结构无关。这也就是说，企业无论采取何种融资方式，不论债权融资还是股权融资，短期融资还是长期融资，公开发行融资还是非公开发行融资，都对企业价值没有影响。但是，现实世界并不是完美的，由 Coase(1937, 1960)、Alchian(1965)、Demsetz(1964)、Williamson(1979)、North(1981, 1990)等发展起来的新制度经济学强调了制度对人们经济行为的决定性影响。资产专用性、有限理性和机会主义造成了交易的复杂性，从而形成经济体系的运行成本(Williamson, 1985)，在资本市场上，这表现为不同制度安排所引致的不同融资方式的交易成本并不相同。而机会主义所引致的交易成本在新兴资本市场国家更为凸显，这集中表现为股权结构集中下大股东对中小股东的利益侵占。20 世纪 90 年代兴起的法与金融理论认为，良好的投资者保护制度可以抑制大股东的机会主义行为，有效地保护融资供给者，使他们愿意为证券市场提供资金，从而促进金融市场的发展(La Porta 等, 1997, 1998, 2000b, 2002)。非公开发行股票作为非公开发行的主要方式①，非公开发行股票制度作为股权分置改革②过程中的一项制度创新和激励举措③，如何影响市场参与主体，特别是大股东的经济行为，是一个值得深入探讨的问题。

1.1 实务背景

从西方成熟国家(主要指美国)来看，非公开发行股票由于具有募集对象的特定性和发售方式的限制性④，可以在不损害证券市场公平、保护中小股东利益的前提下，节约发行人筹资成本与时间，有利于保守商业秘密，节省政府部门的监管资源，因此，非公开发行市场一直是成熟资本市场的主要组成部分。图 1.1 和图 1.2 列示了 1981—1992 年美国证券市场上美国以外的发行人在美非公开发行和注册发行情况：外国发行人在美国证券市场筹集资金共计 2 318 亿美元，其中通过非公开发行募集资金达到 1 349 亿美元，占筹资总额的 58.2%。最新的研究也显示在美国证券市场上 Rule 144A 条款下的非公开发行在 2006 年达到了 16 200 亿美元，超过了公开发行的 154 00 亿美元(图 1.3)。

---

① 根据 2006 年《上市公司证券发行管理办法》(证监会第 30 号令)，非公开发行股票是指上市公司采用非公开方式向特定对象发行股票的行为，而在现实中，多以定向增发、非公开发行、私募等概念表述，英语文献中表述为“Private Equity”“Private Placements”等，因此，本书对非公开发行股票、非公开发行和定向增发概念不作区分，且对非公开发行制度也限定于对非公开发行股票的讨论。

② 根据 2005 年 8 月证监会等五部委发布的《关于上市公司股权分置改革的指导意见》(证监发〔2005〕80 号)，“股权分置是指 A 股市场的上市公司股份按能否在证券交易所上市交易被区分为非流通股和流通股，这是我国经济体制转轨过程中形成的特殊问题”“股权分置改革是为非流通股可上市交易作出的制度安排”“股权分置改革”又简称“股改”。

③ 2006 年 5 月，证监会新闻发言人就《上市公司证券发行管理办法》答记者问中，明确指出对已经完成股权分置改革的公司优先安排再融资，而定向增发被确定为恢复上市公司再融资“三步走”的第一步。

④ 非公开发行对象的特定性是指其发售的对象主要是拥有资金、技术、人才等方面优势的机构投资者及其他专业投资者，他们具有较强的自我保护能力，能够作出独立判断和投资决策。同时，非公开发行的发售方式是有限制的，即一般不能公开地向不特定的一般投资者进行劝募，从而限制了即使出现违规行为时其对公众利益造成影响的程度和范围。

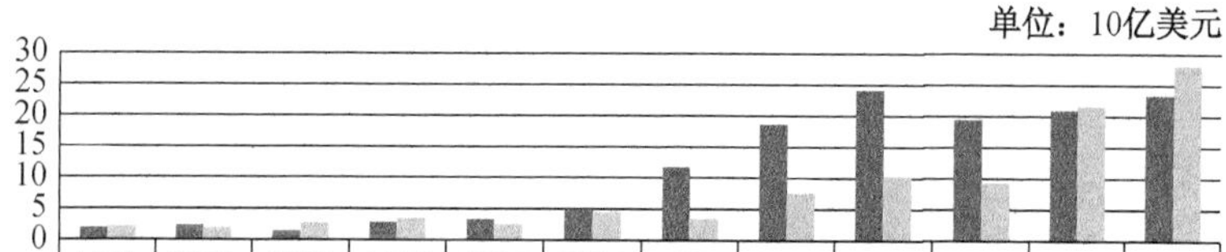

	1981	1982	1983	1984	1985	1986	1987	1988	1989	1990	1991	1992
■非公开	1.9	2.3	1.4	2.8	3.3	5	11.8	18.6	24.1	19.4	21	23.3
■注 册	2.1	1.9	2.7	3.4	2.4	4.4	3.4	7.5	10.3	9.3	21.5	28

资料来源：Hal S. Scott & Philip A. Wellons，International Finance，at 51。

图 1.1　外国在美的非公开发行与注册比例(1981—1992 年)①

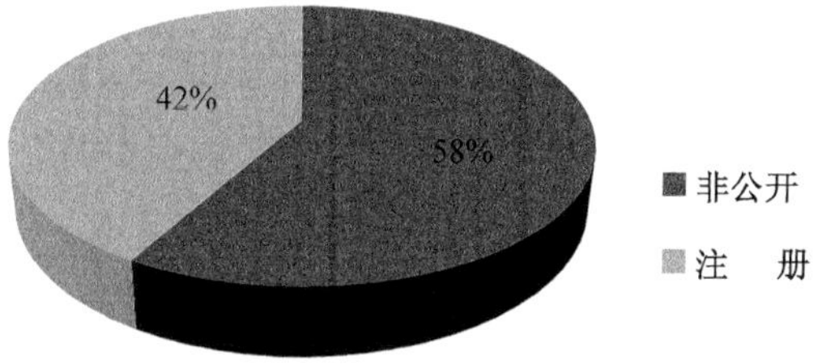

资料来源：Hal S. Scott & Philip A. Wellons，International Finance，at 51。

图 1.2　1981—1992 年美国以外的发行人在美非公开发行与注册比例

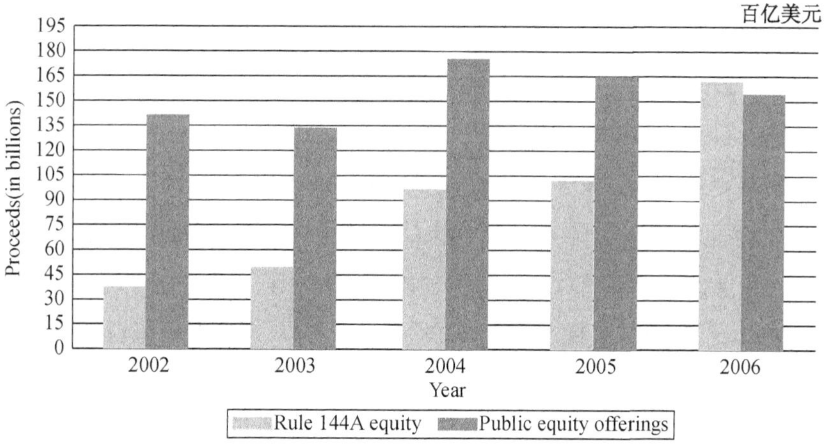

图 1.3　美国 Rule 144A 条款下的非公开发行和公开发行②

① 图 1.1、图 1.2 转引自于绪刚：《美国私募发行制度研究》(见吴志攀、白建军主编：《证券市场与法律》，中国政法大学出版社 2000 年版，第 209-250 页)。

② 图 1.3 转引自 Zingales(2009)和 Tang(2007)。

从我国股票发行制度的发展历程来看，公开发行股票的方式一直占据主导地位；随着证券市场全流通时代的到来，非公开发行股票作为非公开发行的一种方式，已成为我国上市公司股权再融资的主流，由表 1.1 可知，截至 2011 年年末，共有 30％以上的上市公司成功进行了非公开发行股票。而当时已发布非公开发行股票预案的公司数目则占上市公司总数的 50％左右，2009 年和 2010 年非公开发行股票募集资金分别达到了 2 674.11 亿元和 3 079.16 亿元，分别占到当年证券市场再融资总额的 87.91％和 62.91％。

非公开发行股票之所以受到证券监管部门、上市公司、投资者的青睐，是因为相较于其他再融资方式，它具有不可比拟的优势：它可以在不增加即期股市扩容压力，避免对二级市场冲击和稳定市场预期的前提下，使上市公司通过向大股东、机构投资者或战略投资者增发而募集充裕的资金；并且，当大股东通过非公开发行股票将优质资产注入上市公司时，既有利于优化上市公司及其控股公司的资产结构，促使优质存量资产进入资本市场，减少重新投资的时间，增强上市公司的持续盈利能力，还有利于减少期后的关联交易、增强上市公司的独立性；加之监管部门对非公开发行股票信息披露要求较低且实行简易审核程序①，在一定程度上有利于上市公司节约筹资成本与时间、保守商业秘密，也节省了政府部门的监管资源。

然而，由于非公开发行股票涉及新老股东的利益分配，在我国目前投资者保护环境较差(沈艺峰等，2004；Allen 等，2005)，股权较为集中的情形下，大股东主观上存在将非公开发行股票作为大股东自交易②工

① 根据 2006 年《上市公司证券发行管理办法》(证监会第 30 号令)、《上市公司非公开发行股票实施细则》(证监发行字〔2007〕302 号)、《公开发行证券的公司信息披露内容与格式准则第 25 号——上市公司非公开发行股票预案和发行情况报告书》(证监发行字〔2007〕303 号)，非公开发行股票所要求上报的审核材料和对外信息披露资料均要少于公开发行；同时，证监会 2006 年第 31 号令《发行审核委员会办法》规定，非公开发行股票适合特别程序，相较于公开发行的普通程序要求也低，具体差别参见附录 2。

② 英文为“Tunneling”，中文有多种译法，除了“大股东自交易”，常见的还有“掏空”“隧道挖掘”“利益输送”“资产转移”等，我们在此不作严格区分。

表 1.1

上市公司 A 股历年再融资统计[①]　　金额单位:亿元

年份	配股		公开增发		非公开发行股票		合计	
	筹资额	公司数量	筹资额	公司数量	筹资额	公司数量	筹资额	公司数量
1993	60.18	55					60.18	55
1994	51.51	53					51.51	53
1995	56.25	78					56.25	78
1996	66.71	41					66.71	41
1997	208.41	96					208.41	96
1998	344.76	160	30.46	7			375.22	167
1999	318.98	116	50.53	4			369.50	120
2000	509.53	161	190.52	20			700.05	181
2001	430.64	126	186.61	20			617.25	146
2002	56.61	22	164.18	28			220.79	50
2003	76.52	25	114.59	16			191.12	41
2004	104.77	23	158.35	11			263.12	34
2005	2.62	2	269.80	4			272.42	6
2006	4.32	2	102.30	6	936.60	50	1 043.22	58
2007	227.68	7	675.03	30	2 670.05	147	3 572.76	184
2008	151.57	9	518.23	28	1 646.12	107	2 315.92	144
2009	105.97	10	261.69	14	2 674.11	117	3 041.78	141
2010	1 438.22	18	377.14	10	3 079.16	153	4 894.52	181
2011	421.96	15	288.79	10	3 639.12	178	4 349.86	203
累 计	4 637.21	1 019	3 388.23	208	14 645.16	752	22 670.60	1 979

资料来源：Wind 资讯数据库。

具的机会主义动机。同时,非公开发行股票是作为一项制度创新实行于全流通市场,而股权分置改革之后股票市场基础制度环境的重大变化是市场监管所面临的新课题,相关的法律、法规及监管政策尚亟须完善,这又客观上为大股东的机会主义行为创造了环境。

① 根据 2006 年《上市公司证券发行管理办法》(证监会第 30 号令),"配股"就是向原股东配售股份,"增发"就是向不特定对象公开募集股份,"非公开发行股票"就是指上市公司采用非公开方式,向特定对象发行股票的行为。而在现实中,增发往往代表了"增发"或"定向增发",因此,为了避免概念上的混淆和行文上的方便,我们将《上市公司证券发行管理办法》中的"增发"表述为"公开增发"。

1.2 理论背景

诺斯曾言,制度是重要的(North, 1981, 1990),它作为人类交往的规则,抑制着可能出现的机会主义和乖僻的个人行为,使人们的行为更具预见性,并由此促进了劳动分工和财富创造(Kasper 和 Streit, 1998)。可见,制度的重要性体现于深刻影响着理性个体的经济行为。具体至资本市场,股权集中成为股东面临投资者保护制度环境不足的一个反映(La Porta 等, 1999),证监会关于配股的管制性审核在一定程度上减轻了上市公司盈余管理的程度(Chen 和 Yuan, 2004),管制的放松使利率变动对企业资本结构决策具有显著正向影响(陈文浩等, 2012);但是,相较于内生于市场机制的制度安排,政府所供给的制度安排却更有可能促使理性个体经济行为的扭曲,如证监会关于配股的管制政策诱发了上市公司机会主义式的重组行为(陈信元等, 2003),政府关于国有企业高级管理人员的薪酬管制成为促使在职消费偏高的重要原因(陈冬华等, 2005)。

那么什么是有效的制度安排,或者说政府所提供的制度安排的标准或原则是什么呢? 正如 Mill(1848)所说,虽然国家(或政府)不能决定一个制度如何工作,但它却有权力决定什么样的制度将存在。在我国目前较为集中的股权结构下,大股东自交易(self-dealing)是资本市场最为关注的公司治理问题,大股东自交易主要指大股东利用其所掌握的控制权将公司财富转移至自身而不与其他股东共享,其具体形式包括转移定价,侵占公司的发展机会,自利的金融交易(如权益发行、公司贷款给内部人)及直接的偷盗等(Shleifer 和 Vishny, 1997; Johnson 等, 2000b; Djankov 等, 2008)。因此,如何通过制度约束大股东自交易行为,使其他投资者,特别是中小投资者获得投资回报应该是政府出台有效制度安排所考虑的核心问题。具体来说,制度安排有效性的标准体现为两点:一是要以保护弱者为立足点;二是降低制度安排被扭曲的可能性。

在证券市场中，筹资者一旦获得资本，就处于优势地位，而出资者一旦出让了资金便处于弱者地位，因此，证券市场的自然法则是向资本出借者倾斜，探讨证券市场上制度安排有效性的前提，应着眼于对资本出借者——投资者的保护。在股权集中的公司中，控股大股东在享有决策控制权[①]的同时，通过对上市公司的人事委派或者高管兼任等途径获得了对上市公司的决策管理权（Fama 和 Jensen，1983），当大股东集两权掌控于一身时，大股东自交易就成为大股东侵占中小投资者利益的重要方式。中小股东是“世界上最孤独的人”，从某种意义上来说，保护投资者的利益实质上就是保护中小股东的利益，能否有效保护中小股东的期望回报，是衡量政府出台的制度安排有效性的一个首要方面。

同时，制度安排的最优选择在一定程度上还取决于这项制度设计在面对各种破坏时的脆弱性（Glaeser 和 Shleifer，2003），取决于制度选择集里各不同制度安排在保护产权上的效率对比。因为无论政府制定、选择了什么样的政策或策略（作为制度安排），作为“自利”行为受到限制的理性个体（或利益集团），都将试图扭曲策略的实施以达到使自己受益的结果，并且当这种政策被扭曲时，不仅不能保护中小投资者的利益，反而会使中小股东的利益雪上加霜。

始于 2005 年的中国资本市场改革——股权分置改革，旨在完善市场基础制度和运行机制，其实质是政府主导下的一次强制性制度变迁行为，其意义不仅在于解决历史问题，更在于为资本市场其他各项改革和制度创新创造条件。政府所供给的非公开发行股票

---

① Fama 和 Jensen（1983）将公司的决策过程划分为四个步骤，分别为决策提出（initiation）、决策选择的批准（ratification）、决策执行（implementation）和决策实施效果的监督（monitoring），其中决策选择的批准权和决策实施效果的监督权统一为决策控制权（decision control），决策提出和决策执行统一为决策管理权（decision management）；公司正是通过决策管理权和决策控制权相分离的契约结构，有效解决了公司管理层和股东之间代理问题，使公司这种组织形式得以生存。

制度作为此次改革的配套措施和激励举措，使非公开发行股票开始成为中国证券市场最主流的权益再融资方式，但是否符合或达到我们前面提出的两项标准，它又是如何影响市场参与主体，特别是大股东的经济行为的，又导致了怎样的经济后果，则是一个有待实证检验的问题。

1.3 问题的提出

如何实现对投资者的保护对于任何一种经济体系都是富有挑战性的重要课题。随着投资者保护对证券市场、经济发展的重要性受到更大程度的重视，越来越多的研究从不同视角对国家层面投资者保护进行了深入的研究，如法律起源（La Porta 等，1998；Glaeser 和 Shleifer，2003）、文化和意识形态（Roe，2003；Allen，2005），以及宗教信仰（Stulz 和 Williamson，2003）、政治（Pagano 和 Volpin，2005；Bebchuk 和 Neeman，2010）等。

在对投资者保护较好的国家，股权较为分散，公司的代理问题主要表现为管理者与股东之间的利益冲突（La Porta 等，1999）。因此，这些国家关于非公开发行股票问题的研究，主要围绕管理者与股东之间的关系而展开。近年来，随着公司治理研究的深入，研究人员发现所有权高度分散的（Berle 和 Means，1932）传统范式并非是全球公司股权结构的普遍形态，大多数国家的公司普遍存在一个控股股东（La Porta 等，1999；Claessens 等，2000；Faccio 和 Lang，2002）。这个控股股东有权力任命和监督管理者，有能力掏空上市公司（Johnson 等，2000b；Atanasov 等，2010）。但是直接的经验证据一直较少，仅有 Bertrand 等（2002）、Bae 等（2002）和 Jiang 等（2010）少数研究。那么，基于上述认识，控股股东是否会通过非公开发行股票侵占中小股东的利益呢？这为我们解释非公开发行股票折价和融资选择偏好问题提供了新的视角。当前，我国对投资者保护较弱且存在地区间的不平衡（樊纲等，2007；沈艺峰等，

2009),股权高度集中也是我国上市公司的主要特征,因此从我国特有的制度环境出发,深入分析控股股东的经济行为,进而解释国内非公开发行股票中的过高折价和融资选择偏好问题是一个可能的研究方向。遗憾的是,国内这方面的研究刚刚起步,其主要原因在于非公开发行制度一直不完善,以及非公开发行市场的不发达。事实上,投资者保护质量造就了公司内部人侵占外部股东利益的能力,虽然已有的实证研究以跨国角度或关注投资者保护水平(法律起源)对司法制衡的法律环境(La Porta 等, 2003)、股票市场和债券市场规模(La Porta 等, 1997)等宏观层面的影响,或关注投资保护环境对企业价值(La Porta 等, 2002)、资本结构(Fan 等, 2012)、权益融资成本(Hail 和 Leuz, 2006)、债务期限结构(Qian 和 Strahan, 2007)、会计信息质量(Mingyi, 2000; Leuz 等, 2003)等经济结果的影响,但在微观层面上还欠缺投资者保护水平对公司经济行为直接作用的证据。

有鉴于此,本书提出以下研究问题。

第一,中国的非公开发行制度与西方成熟资本市场国家(主要指美国)所实行的非公开发行制度相比,在制度定位、发行对象、发行程序等方面是否存在较大差异,这种差异性的制度诱因是什么?

第二,在中国的制度背景之下,非公开发行股票作为股权分置改革过程中的一项制度创新,能否达到政府监管部门设计该制度的初衷——提高上市公司独立性和资产质量,是否会演变成为大股东通过融资而进行大股东自交易,侵害中小投资者利益的一种工具呢? 中国投资者保护水平地区差异如何影响大股东非公开发行股票行为? 本书拟通过对上市公司非公开发行股票发行价格的研究,揭示这个问题。

第三,在不同的股权再融资方式选择中,现阶段上市公司更加偏好非公开发行股票,其背后的诱因是什么呢? 非公开发行股票在满足上市公司融资需求的同时,在更深层次上是否是大股东利用其控制权,借助于信息优势,“剥夺”中小股东的投资机会选择权的一种歧视性的金融交易行为?本书拟通过对上市公司非公开发行股票和公开增发选择的研究,以及对非公开发行股票中大股东参与程度的研究,分析这个问题。

第四,波动性是资本市场最为重要的特性之一,波动性大小不仅是上市公司股价对公司信息增量的刻画,还蕴含了市场参与者的投资情绪,从而使股市具有明显的周期性。那么,在不同市场行情下,上市公司非公开发行股票中的大股东自交易行为是否表现出不同的行为特征?本书拟通过研究在不同市场行情下的非公开发行股票定价问题,探究此问题。

第五,面对大股东的这种自交易行为,政府部门除了要加强对上市公司非公开发行股票中大股东机会主义行为的监管,更为重要的是从非公开发行制度的设计层面入手,保护中小投资者利益,使得以信息与信心为主导的证券市场得以稳健运行,市场效率得以发挥。因此,本书接下来进一步思考如何设计非公开发行股票这项制度安排才能达到政府监管部门稳定股权分置改革后全流通市场,使其成为对中小投资者利益保护的一种重要方式的目的。

2　研究的意义

国外学者分别从流动性限制(Silber, 1991; Longstaff, 1995)、非公开发行折价(Hertzel 和 Smith, 1993; Hertzel 等, 2002; Wruck 和 Wu, 2005; Barclay 等, 2007)、股权再融资方式选择(Wu, 2004; Cronqvist 和 Nilsson, 2005)等角度对非公开发行股票进行了理论研究和实证检验,但是研究结论却莫衷一是,其原因在于,理论研究的结论取决于假设条件,而实证研究的结论又依赖于数据样本、计量方法及相关变量的衡量指标。但是,这些研究使人们能够以多种不同的视角来审视已有的非公开发行理论,实际上是对相关理论假说的丰富和发展。本书拟在已有研究成果基础之上，以中国上市公司非公开发行股票为分析对象，研究上市公司非公开发行股票过程中定价及再融资方式选择中的大股东自交易行为，并在此研究基础之上，对非公开发行股票这项制度安排进行分析探讨。在全流通市场环境下，从制度层面研究非公开发行股票制度下的大股东自交易并进行实证检验，具有重要的理论意义和现实价值，主要表现在：

(1) 大股东自交易行为一直是国内外研究的热点问题(Bae 等，2002；Bertrand 等，2002；唐宗明和蒋位，2002；李增泉等，2004；刘峰等，2004；李增泉等，2005；高雷和宋顺林，2007；曾庆生和陈信元，2011；姚颐和刘志远，2011)，但是直接的经验证据一直较少，并且多集中于投资决策方面的研究，而本书则从上市公司融资决策——非公开发行股票的角度提供了较为直接的经验证据，拓宽了对大股东自交易的研究视角。

(2) 本书从政府设计制度安排的层面研究了非公开发行股票制度。面对大股东将非公开发行股票作为财富转移的自交易行为这一现象，本书并没有想当然地提出加强监管的政策建议，因为如此建设隐含的前提是，政府所设计的制度安排本身是合理的，只是没有得到很好的贯彻而已。本书则是从制度安排入手，反思政府所设计的制度安排的合理性，提出是否正是政府所设计的制度安排，诱使了大股东的机会主义行为倾向？这为进一步完善非公开发行股票制度开辟了一条新的思路。

(3) 国外研究主要是从监督效应、信息不对称和管理层的机会主义行为等角度阐述非公开发行股票折价问题，而本书根据中国的制度背景，系统地提出我国的非公开发行股票在很大程度上是上市公司大股东主导下的一种进行财富转移的自交易行为。这就丰富了非公开发行定价研究的理论。

(4) 面对非公开发行股票、公开增发等多种股权再融资方式，本书深入剖析了上市公司偏好非公开发行股票的原因:并非完全由于节省再融资时间或成本、提高融资效率,也并非完全由于非公开发行股票制度的融资门槛较低,更多因由是大股东利用信息优势和掌控的融资时机及融资方式的选择权,“剥夺”中小股东投资机会选择权,稀释少数投资者权益。而这是一种更具隐蔽性的大股东自交易行为,对中小投资者所造成的损害也更为严重。这对投资者决策、政府监管等具有一定的借鉴指导意义。

(5) 如何在全流通环境下保护中小投资者利益,一直是政府监管部门出台制度安排所考虑的重要内容,而本书通过对非公开发行股票制度所构筑的监管模型的分析,得出公司透明度和对大股东流动性限制均是维护证券市场健康运行、保护投资者利益的重要工具,而信息监管和流动性监管则是政府干预证券市场的重要手段的结论。更为重要的是,本书与当前资本市场的融资改革紧密相连,对于理解全流通资本市场运行机制下市场参与者的经济行为,进一步完善相关法律、法规及监管政策,提供了新的思路。

3 研究思路和结构安排

3.1 研究思路

本书的基本研究思路框架如图 1.4 所示。中国资本市场具有不同于西方成熟资本市场国家股票市场的特殊股权结构和运行机制,股权分置改革作为政府主导的一次强制性制度变迁行为,进一步完善了市场基础制度和运行机制,深刻改变了资本市场及市场参与者,特别是上市公司大股东的经济行为。表现在融资方面,具体如下:①上市公司的大股东通过非公开发行股票定价及其认购比例,将非公开发行股票作为自交易工具,从上市公司直接转移财富;

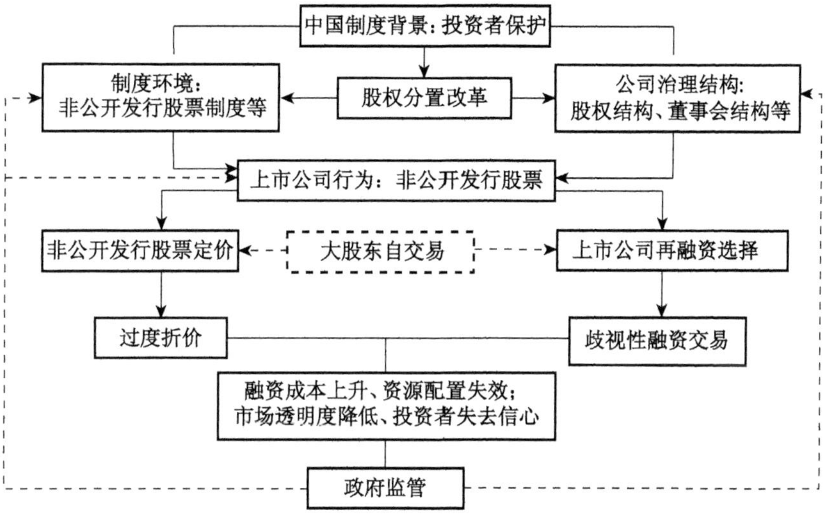

图 1.4　基本研究思路框架

②上市公司的股权再融资，在满足融资需求的同时，在更深层次上是“剥夺”中小股东投资机会选择权，稀释中小股东权益的歧视性融资交易，是一种更具隐蔽性的财富转移行为，对中小股东所造成的损害也更为严重。上市公司的这些自交易行为必然会带来相应的经济后果：一方面，对于大股东借助于非公开发行股票的自交易行为，投资者出于逆向选择的考虑，会加大上市公司融资成本，进而影响上市公司的投融资决策，最终制约市场资源配置的有效性和资本市场的发展；另一方面，大股东为了掩盖自身通过非公开发行股票的自交易行为，会有意降低上市公司的透明度，而这些又会加剧投资者丧失对资本市场的投资信心，影响中国资本市场的健康发展。面对这项制度安排失灵，政府部门除了要加强对上市公司非公开发行股票中大股东自交易行为的监管，更为重要的是要从非公开发行股票制度的设计层面入手，保护中小投资者利益，使以信息与信心为主导的证券市场得以稳健运行，市场效率得以发挥。

3.2 结构安排

本书秉承基本研究思路，以中国上市公司非公开发行股票为分析对象，研究上市公司非公开发行股票过程中在定价和融资方式选择方面的大股东自交易行为，以及投资者保护环境对其的影响，并在此研究基础之上，对非公开发行股票制度进行分析探讨。在研究方法方面，本书在非公开发行股票行为方面主要采用实证研究方法，在理论分析或数学模型推导基础上提出研究假说，收集数据进行实证检验，从而得出研究结论。在非公开发行股票制度分析方面，则主要采用规范研究方法，通过建立模型进行分析论证，并据此提出相应政策建议。

本书的余下内容结构安排如下：

第 2 章，文献综述。

本章主要就本书所研究的问题对前人相关文献进行回顾述评，梳理已有的有关非公开发行的研究，作为理论进展和进行研究设计的基础。文献回顾部分围绕三条主线，分别是流动性限制对股票价格影响的研究、非公开发行股票折价研究和融资方式选择角度对非公开发行股票的研究。

第 3 章，制度背景和理论分析。

问题源于其所根植的土壤。本章沿横向和纵向两条主线对本书所研究的问题——上市公司非公开发行股票所面临的制度背景进行分析。横向上，我们通过与西方成熟资本市场国家（主要指美国）所实行的非公开发行制度进行比较，分别从制度定位、发行对象、发行程序等方面对非公开发行制度进行对比分析。纵向上，我们分析股票市场的投资者保护、市场融资需求、整体上市和非公开发行股票的关系，指出非公开发行股票制度将保护中小投资者利益的手段——整体上市定位为目的，反而忽视了对中小投资者的保护。理论是研究的基石，我们以大股东自交易行为中的财富转移作为研究非公开发行股票的理论基础。通过上述分析，我们可以看出，由于中国上市公司非公开发行股票过程中所面临的特殊制度背景，成熟资本市场发展起来的非公开发行股票行为及其决定理论，未必适用于中国上市公司非公开发行股票问题的研究。

第 4 章，非公开发行股票折价和大股东自交易研究。

本章在文献回顾和制度背景分析基础之上，考察中国上市公司非公开发行股票过程中的发行定价。首先通过建立数学模型推导出上市公司进行非公开发行股票的约束条件，然后实证探求非公开发行股票是否是上市公司的控股大股东财富转移的一种工具。同时验证投资者保护水平的差异是否会作用于大股东的这种自交易行为。

第 5 章，股票融资方式选择和大股东自交易研究。

我们从大股东自交易理论出发研究了上市公司在面对非公开发行股票、公开增发等不同股权再融资方式时，为何会偏爱非公开发行股票。通过实证研究检验融资决策是否受到投资项目未来前景的影响，在资本市场全流通境况下非公开发行股票是否是上市公司大股东歧视性金融交易的一种手段。

第 6 章，大股东非公开发行股票参与程度与大股东自交易研究。

本章是在第 5 章基础上的拓展研究，主要聚焦于非公开发行股票中大股东的认购比例，探究大股东是如何作出参与非公开发行股票决策的，这个决策是否包含着企业未来发展的信息，市场能否从大股东是否参与非公开发行股票及其认购比例行为中解读出企业发展的信息，从而作出不同的行为反应，大股东这种融资交易行为是否侵害了中小股东利益？

第 7 章，市场时机、非公开发行股票与大股东自交易研究。

本章主要从宏观层面研究了市场时机对上市公司非公开发行股票发行价格的影响。首先我们研究上市公司非公开发行股票的价格确定中是否蕴涵着市场择时;其次我们还分析了不同市场行情下,上市公司非公开发行股票中的大股东自交易行为是否表现出不同行为特征。

第 8 章,非公开发行股票的监管。

本章在前面制度背景分析和经验研究结果的基础上,首先对非公开发行股票政府监管背景进行分析,然后就非公开发行股票制度构筑监管模型进行推理分析,指出公司透明度和对大股东流动性限制均是维护证券市场健康运行、抑制大股东自交易行为的重要工具,而信息监管和流动性限制监管则是政府干预证券市场的重要手段,并在此研究基础之上,提出相应政策建议。

第 9 章,研究结论。

本章在概括主要研究结论的基础上,分析了本书的创新之处,阐述了本书的局限性,最后指出了本书的后续研究方向。

第2章 文献综述

本章将对与研究主题有关的以往文献进行系统的梳理，包括与公司非公开发行股票相关的理论和经验研究，尤其是与非公开发行股票相关的定价、流动性限制、再融资方式选择等的研究，从而为本书的研究奠定理论基础。

1 流动性限制对股票价格影响的研究

非公开发行股票的一个重要特征是可转让的受限性，这包括转让对象的限制性和转让时间的限制性（一般有 1～3 年的锁定期），也就是说，非公开发行股票具有显著的非流动性特点。流动性是否有价值，以及什么因素影响流动性价值[①]是财务学的一个基本课题。财务学经典理论认为，股票价值决定于公司内在价值，而公司内在价值又决定于利润和长期现金流的折现，即公司未来收益的贴现。在不存在税收、交易成本及流动限制的情况下，任何资产（这当然也包括股票）可以按照均衡价格立即转化为现金。在存在交易成本的情况下，买方将会以等于交易成本的数额对资产进行折价；同样道理，投资者也会因为流动性的不同而对流动性受到限制的股票进行折价。因为流动性和交易成本所产生的折价表示了投资者不能按

① 流动性价值是指在其他条件相同的情况下，仅因为流通能力的不同而产生的价值。流动性越好，价值越高；流动性越差，价值越低（折价越大）。有的文献又将流动性价值称作流通权价值，本书在此不作严格区分。

照资产均衡价格将股票立即变现所付出的补偿，这种补偿的合理性是显而易见的，因为投资者会因为流动性受到限制或交易成本高昂而失去有利的交易时机，减少最佳的资源配置机会及自由调整资产组合的空间。

流动性概念具有多重性，较难作出精确定义。衡量流动性主要从交易即时性、交易成本和交易影响三个方面进行考虑（Kyle，1985），常用的指标有市场宽度（width）、市场深度（depth）和即时性（immediacy）等。市场宽度是交易价格偏离市场有效价格的程度，一般用价差来表示；市场深度是在不影响当前价格情况下的最大可成交量；即时性是衡量一定量的股票在对价格影响一定的条件下达成交易所需要的时间。

国内外很多学者对这种流动性限制所产生的折价进行过研究。Silber（1991）指出流动性限制是影响股票价格的重要因素，他考察了 1981—1988 年间的 69 家私募发行的存信股票（letter stock），发现流动性受限制 2 年的非流通股相对其流通股价差为 33.75%，某些股票的折价程度甚至高于 80%。Longstaff（1995）基于期权定价模型，就流动性受到限制的股票和国库券进行理论分析，他的研究发现，股票回报率波动性越高、限售期越长，折价越大。对于普通股股票而言，如果年股票回报率的波动性为 0.2，限售期为 1 年，理论折价为 11.79%；当限售期延长到 5 年，理论折价则高达 40.98%。Kahl 等（2003）对受限制股票的价值进行了深入的理论分析，他们利用连续时间（continuous-time）证券组合模型研究了受限制股票的股东所承受的成本。研究发现，如果受限制股票占持有人全部财产的 50%，该股票与市场组合没有相关性，则在持有人风险规避程度（γ）为 2 和限制性股票波动性（ν）为 0.3 的前提下，非流通股价值将有较大的折价。具体而言，如果限制期为 1 年，那么股票对持有人的价值相当于其在没有约束状态下的 95.4%；当限制期延长到 5 年时，这个比例就下降到 71.9%。这些研究表明，限制期越长，受限制股票的价值越低。

既然流动性的限制期越长，股票价值越低，那么当股票流动性受限制条件减轻时，股票价格折价应该会变小，Maynes 和 Pandes (2011)通过研究非公开发行股票再销售限制期的变化验证了这一点。2001 年 11 月 30 日，加拿大对境内所有交易所公开上市的公司所发行的非公开发行股票的再销售限制从 12 个月削减至 4 个月。Maynes 和 Pandes(2011)以此为政策变化背景，选取 1 173 家非公开发行样本研究减少非公开发行转售限制的财富效应。发现缩短再销售限制降低了非公开发行股票发行折价中的流动性受限影响，降低了发行公司的募集资金成本，但是对发行公告的异常超额回报没有显著影响。然而，规则变化对私募发行的公司类型有重大影响，规模较小的公司和存在更大信息不对称的公司在规则变化后不太可能发行非公开发行股票了，这表明转售限制的放宽降低了信号成本，减弱了 Myers 和 Majluf(1984)所提出的非公开发行股票可以克服信息不对称下的投资不足问题的作用。

股权分置改革之前的中国资本市场被人为划分为流通股和非流通股的二元股权结构，这为研究流动性限制提供了很好的试验场。刘力和王汀汀(2003)认为，目前中国 A 股市场流通股的流通权价值可以分为两部分：一部分是由于同时存在非流通股所给予流通股的特权价值；另一部分是正常流通权的价值，这一价值纯粹是由股票的流动性提供的。

Chen 和 Xiong(2001)基于中国资本市场，研究了 2000 年 8 月至 2001 年 7 月 138 家上市公司非流通股私下协议转让和拍卖转让的折价情况，发现相对于同一家公司流通股的市场价格，法人股的拍卖价格对流通股的折价率为 77.93%，而协议转让的折价率为 85.59%；研究还发现，折价随公司流通股的波动性和负债率的上升而增加，随公司流通股本规模、股东权益回报率和交易量的上升而下降，公司上市时间越长，折价越大。相对于美国资本市场的流动性折价，中国股票的流动性折价现象更为严重，这可能是因为中国非流通股股票的限售期更为不确定，投资者无法预期所购买的非流通股股票何时才能上市流通。

Chen 和 Yuan(2005)考察了 1998—2003 年 376 家中国上市公司非流通股的转让行为，除了流动性受限制股票的折价外，他们的研究还发现涉及政府和关联方的转让影响价格对于公司会计业绩的反映。具体而言，相对于关联方之间的转让，非关联的转让方式可使转让价格更多地反映会计业绩，而涉及政府的转让(国家和国有法人非流通股的转让)则不利于会计业绩反映到转让价格之中。

还有的研究关注哪些因素会影响股票市场的流动性。靳云汇和杨文(2002)研究了上海股票市场的流动性影响因素，发现交易量对流动性有显著正影响，收益率的波动率对市场流动性存在负影响，价格对流动性整体而言具有负影响。廖士光(2007)的研究表明，上市公司规模与公司股票的流动性之间存在着正相关关系。郦金梁等(2012)发现沪深 300 指数期货的推出提升了股票市场的流动性和价格发现能力，并进而提高了交易量的稳定性，降低了价格波动性；王明涛和何浔丽(2011)研究了我国货币政策对股票市场流动性风险的影响，结果发现货币供应量变化与流动性风险负相关，利率对流动性风险有正向影响，但影响力度小于货币供应量变化的影响。方舟等(2011)的研究发现，货币政策扩张有助于提高市场流动性，货币政策收紧，会导致市场流动性降低，并发现当股市处于膨胀期时，货币政策冲击对市场流动性的影响比股市处于低迷期时表现得更加明显。

Daske 等(2008)和 Li(2010)的研究显示，国际财务报告准则的实施可以在一定程度上增强股票流动性，降低资本成本，提高企业价值，国内研究也得出了类似结论(高芳和傅仁辉，2012)。同时，蔡传里和许家林(2010)的研究还发现上市公司信息透明度的提高可以增强股票的流动性，对减少投资者投机行为、持续稳定发展资本市场具有积极作用。

流动性价值的度量也成为部分研究关注的焦点。张人骥和刘春江(2006)以南钢股份要约收购案例作为研究对象，分析指出流通股股东虽然没有控股溢价，但拥有比例相对较大的流通溢价；文章还从投资者保护角度出发，指出流通股股东所拥有的流通溢价在要约收购中遭受了折价的不公正待遇。王旻等(2008)则通过研究中国股票市场的流动性价值水平表明流动性存在价值，股权分置改革前，股票流动性价值水平均值约为66%，流通股市场的流动性显著影响股票流通性价值，但流通股的流动性与流通股价格波动率对股票流动性价值没有显著影响；股改后的股票流动性价值水平约为56%，流通股的流动性与波动性水平显著影响流通性价值。陈辉等(2011)考察股票流动性与公司价值之间的关系，以及股权分置改革对这一关系的影响，结果表明，股票流动性与公司价值显著正相关；通过分解反映公司价值的指标考察股票流动性对公司价值的影响路径，结果表明股票流动性与财务杠杆水平、经营绩效之间均呈显著负相关；股权分置改革增强了股票流动性与公司价值、杠杆水平之间的相关关系，但不显著；股票流动性与经营绩效之间的负相关关系在股权分置改革之后显著减弱，这说明股权分置改革促进了多种市场机制作用的发挥。

顾乃康和陈辉(2009)则考察了股票流动性对资本结构的影响，发现股票流动性和资本结构呈显著负相关性，满足再融资条件的公司财务杠杆对流动性的敏感性显著更强。完成股权分置改革公司的财务杠杆对流动性的敏感性更强，但这种关系不是很稳健。

2 非公开发行股票折价问题研究

非公开发行股票中一个吸引人的现象就是增发价格相对于增发时的市场价格有着较高的折价。SEC(1971)研究报告指出，美国非公开发行价格相对于发行时的市价有大约30%的折价,其后的实证研究显示美国非公开发行折价在11.3%~20%之间(Hertzel和Smith, 1993; Hertzel等, 2002; Wruck和Wu, 2005; Barclay等, 2007),明显高于配股。虽然流动性限制对非公开发行股票折价提供了部分解释,但是关于投资者为何会要求并且上市公司也愿意接受这么大折价的问题,尚未回答清楚(Hertzel和Smith, 1993)。基于此,国外学者从不同角度对其进行了理论阐释和经验研究。

2.1 监督效应假说

管理层和股东之间的代理问题,源于现代公司中所有权和控制权的分离。作为拥有资金的股东,必须将资金交给拥有专业知识的职业经理,实现决策权和专业知识的结合(Jensen和Meckling, 1995),其目的是通过专业化分工获取比较优势带来的收益。但是,正如亚当·斯密(1776)在《国富论》中所言:"不可能相信从外部聘请的经理人会像企业所有者或合伙人那样认真地去关心股东的资产。"因此,在Berle和Means(1932)描述的"股权高度分散,控制权牢牢握在职业经理人手中的"英美国家公司制企业中,由于经理人和股东的目标函数不同,在他们之间存在信息不对称情况下,股东不能够无成本地监督经理人的行为,在这种情况下,经理人会作出一些损害股东利益的自利行为(Jensen和Meckling, 1976)。

可以看出,管理层和股东之间代理问题的产生隐含着这样一个前提,那就是外部股东过于分散,没有人有动力付出监督成本而人人期望"搭便车"。解决或者说减缓这种代理问题的办法之一就是让某一个或几个股东持有更多的股份以形成大股东,也就是股权集中;因为大股东拥有更多的现金流权,故而有动力去收集信息并监督管理层,从而避免了免费搭乘问题;同时,大股东也有足够的投票权对管理层施加压力,甚至可以通过代理权争夺或接管来替换经理层(Shleifer和Vishny, 1986)。

非公开发行股票由于面向特定少数对象发行较大一部分股票，虽然不一定带来公司控制权的转移，但是很明显会带来股权集中度的提高，从而能够形成大股东；而大股东能够提高对管理层的监督作用或者咨询服务功能，因此非公开发行股票折价反映的是非公开发行特定对象由于发行后股权集中度的提高从而对上市公司所提供的专家咨询服务或监督作用的一种补偿（Wruck，1989），或者是市场对由于所有权结构的变化（非公开发行股票后一般会形成大股东，而大股东会提高监督作用）会导致经营管理层将更加努力工作，从而企业经营业绩将会改善的一种预期（Hertzel和Smith，1993）。Wruck（1989）研究发现，非公开发行股票股份平均占公司非公开发行后总股本的19%，所以推断非公开发行股票宣告日公司价值的变化与非公开发行所造成的股权集中度变化关系密切，实证结果也发现股权集中度的增加的确会提高公司价值，且在非公开发行前所有权集中程度越高时，公司价值增加的程度也会越大。当非公开发行股票后所有权集中度在5%以下及25%以上的级距内增加时，对公司价值的影响皆为正。但是当所有权集中度在5%～25%中增加时，对公司价值的影响却是负的，表示在这个级距内所有权的增加对于公司价值有不利的影响，其中可能是因为所有权集中度增加的结果是巩固管理者的经营权地位。因此所有权集中度的改变对公司价值变化的影响，要看传达给市场的信息是使公司资源分配的效率性或被接管的机会是提高了还是降低了。Jensen和Meckling（1976）指出，若是所有权提高使公司管理者与股东的利益更趋于一致，则公司价值会提高。Fama和Jensen（1983）、Stulz（1988）认为，若是所有权的增加是为了巩固经理人地位，降低被购并的机会，则公司价值会因此下降。Wruck（1989）的结论是非公开发行股票的正的宣告效果来自所有权集中度的增加所带来的监督利益，而非公开发行股票折价反映的是对这种监督成本的补偿。

2.2 信息不对称假说

Myers 和 Majluf(1984)指出,在存在信息不对称条件下,因为经理层对公司的盈利能力和未来投资机会比外部投资者拥有更多的信息优势,那么当公司公开增资时会传达出管理层认为公司目前股价处于高估状态的信号,这使公司公开增发股票宣告效果为负。所以,当股价遭受低估的公司有了有利的投资机会却缺少资金时,不会选择公开发行,而是会放弃投资机会,造成投资不足;同时,放弃投资机会还在于假设经理层代表现有股东的利益,以低于公司真实价值的价格对外增发会造成现有股东财富向新股东处转移。Myers 和 Majluf(1984)认为,若是公司可以使用成本较低的方式将公司的真实价值传达给外部投资人时,将可以解决这种投资不足的问题,如购并,双方可通过沟通协商的方式来达成交易。Hertzel 和 Smith(1993)扩展了 Myers 和 Majluf(1984)模型,分析指出非公开发行股票也具有与购并相同的低成本信息沟通效果,所以当公司价值遭到低估时,公司经理层在某些成本之下会与非公开发行对象进行沟通以传达有关公司价值的真实信息,并诉诸非公开发行而不是公开发行进行融资,或放弃此投资机会。这样的引申含义意味着价值遭到低估的公司会采取非公开发行方式以减少投资不足及避免财富转移到新股东的问题。因此,非公开发行对象愿意提供大额资金以使公司不需采用公开发行的方式,并可传达出公司价值遭到低估的信号,而正的市场超额回报恰恰表明了市场对公司价值被低估的反应。

Hertzel 和 Smith(1993)通过对非公开发行股票的经验研究证实了这一点,发现当公司价值被低估越严重时,所产生的信息效果越大,并且在规模较小公司的研究样本中信息效果会大于由于股权集中所带来的监督效应假说的效果。同时,Hertzel 和 Smith(1993)还从另一角度表述认为,在信息不对称假设下,投资人会因为非公开发行股份为未注册股或具有闭锁期的受限制股票而要求折价，闭锁期越长，投资人越有动因去收集内部消息以评估公司价值，因此当信息不对称的程度越高时，投资人所花费的信息生产成本也越大，要求的折价也就越高。

2.3　管理层机会主义行为假说

这种假说是基于公司中经理层和股东所面临的风险是不一样的。在假设公司股权分散情况下，公司股东的风险只限于其所持投资组合的系统风险。相反，由于经理层的财富主要来自于所经营的公司，那么他们会拥有所经营公司的整个风险(包括系统风险和非系统风险)。因此，经理层会有动力采取一些行为以减少整个公司的风险，虽然这些行动并不是以股东利益最大化为目标，这些行为包括过度的多元化经营投资、有意投资于短期效益项目、负债不足或壕堑效应(entrenchement)等。而经理层采取壕堑效应手段包括很多，如经理层有意投资那些依附于自己专有才能(unique talents)的项目，长此以往，当股东发现其经营不善想更换他时却已很难做到。其他的手段还包括在公司宪章中加入“毒药丸”(poison pill)计划、“绿色邮件”(greenmail)等手段抵御收购，以避免自己被更换。

Dann 和 DeAngelo(1988)研究发现，非公开发行股票也可能是管理层抵御敌意收购的一种手段，Barclay 等(2007)对此进行了更为深入的研究，他认为 Hertzel 和 Smith(1993)所提出的信息不对称假说隐含着：信息不对称的程度越高，投资人所花费的信息生产成本也就越大，所要求的发行折价也就越高。但是，若非公开发行对象为公司管理者，所花费的信息成本应该较低，折价幅度可能较小；但若是管理者自利或要求额外的补偿则会有较大的折价。Barclay 等(2007)研究结果指出，大额交易通常以溢价 11%成交，而非公开发行股票一般以折价 19%出售，其主要原因是大额交易的投资人在交易后通常会成为公司的内部人，具有控制权，享有控制权利益；而非公开发行对象在非公开发行股票后多为消极投资者，其只扮演着协助现有管理阶层巩固经营权的角色而无法分享控制权收益，所以会要求部分折价予以补偿。

但是，Wruck 和 Wu(2005)在针对不同非公开发行对象的公司宣告期间股价反应，与增发后公司的营运回报表现的研究中，却发现了与上面相左的结果。其发现在具有主导性的非公开发行中，有49%的主导者与公司形成新的关系，3%形成强烈关系(公司经理人、主要事业伙伴)，22%成为董事会成员，39%成为大股东(持股比率≥5%)，这样的结果呈现出非公开发行对象投资人积极性的一面，与 Barclay 等(2007)提出非公开发行对象多为巩固当前管理层经营地位的消极投资者结论并不一致。

2.4 财富转移假说

针对公司治理结构的研究表明，集中的股权结构已成为一种普遍现象，并且保持相对稳定(Holderness, 2003)，在股权集中的上市公司，大股东会利用自己的控制性地位，将上市公司的现金资源和利润转移到大股东及其附属公司中，从而侵害小股东的利益，这便是 Johnson 等(2000b)所提出来的财富转移(tunneling)的概念。大股东的利益输送行为、特征及投资者保护程度往往与各国(或地区)的产权制度、法律保护环境等制度因素显著相关(La Porta 等, 1997, 1998, 2000b; Claessens 和 Fan, 2002)。尤其是在法律环境不能够对外部股东的利益实施有效保护的资本市场上，大股东控制的终极目标可能并不是为了提升企业的价值，只是在一定业绩目标下，为了实现控制权收益的最大化，更多地关注对自身利益的保护和获得更多的财富分配。Baek 等(2006)以韩国家族企业(chaebols)为研究背景，发现 1989—2000 年间家族集团控制的上市公司间的非公开发行股票就是这样一种财富转移行为，会使家族控股公司从中获益。他们还发现,集团中发行公司向同一集团内的认购公司溢价发行时,相较于非集团中的发行公司,实现了8.8%的超额回报;集团中的认购公司向同一集团内的发行公司认购时,相较于非集团中的发行公司,存在−5.8%的超额宣告回报,并且相应的集团控股股东在非公开发行中从发行公司和认购公司累计获得正的净收益。

2.5 折价是公司真实价值的反映

Hertzel等(2002)以1980—1996年美国非公开发行股票为研究样本,发现非公开发行股票虽然宣告效果为正,但宣告期后长期股票超额报酬为负,增发后公司的营运绩效下滑。就Wruck(1989)提出的由于所有权结构改变而使宣告期为正的市场反应,Hertzel等(2002)研究解释为正的宣告效果来自投资人对所有权集中所带来的监督效果太过乐观,而之后的长期业绩表现不佳的真正原因在于预期所有权集中度的增加最终却导致经理层巩固经营权,使公司资源无法得到有效利用。就Hertzel和Smith(1993)提出的正的宣告效果来自公司释放出价值低估的信号,Hertzel等(2002)解释为投资者在公司非公开发行股票当时呈现出过度乐观的状态,使公司在非公开发行宣告期表现为正的超额报酬,之后长期股价表现一落千丈及公司营运绩效表现不佳,恰恰验证了公司在非公开发行股票时的真实价值是处于高估状态。因此,作者推论得出,非公开发行折价可能是拥有信息优势的投资者对公司真实价值的反映,正的宣告效果来自投资人的过度乐观。

Wruck和Wu(2005)的研究也发现非公开发行对象折价幅度在关系人处于主导地位时会小于外部人所主导的非公开发行交易事件,作者认为非公开发行股票折价是对公司真实价值信息的反映。

3 基于融资方式选择角度对非公开发行股票的研究

这部分研究可以说与前述理论基础休戚相关，实际上是回答“为什么上市公司会选择非公开发行股票这种融资方式”这一问题，主要存在三种理论对其进行阐释。

3.1 避免控制权的稀释

控制权收益(private benefits of control)是指高管人员或控股股东利用其实际控制权为自己获得的私人利益，主要包括：过高报酬、过度在职消费、额外津贴、通过关联交易获取的利益、利用公司商业机会获得的收益等(Grossman 和 Hart，1988；Dyck 和 Zingales，2004)。因此，高管人员或控制性股东获得的控制权收益实质上来源于对其他股东利益的侵害。在国外，学者主要以代理理论来探讨控制权的收益(Jensen 和 Meckling，1976；Jensen，1986)。

取得控制权收益必须首先拥有控制权地位，因此，控制权地位是重要的。控制权地位及其收益的取得更多地体现于家族控制企业中，因为在欧洲和东亚国家，上市公司更多地被家族所控制(La Porta 等，1999；Claessens 等，2000)，通过发行多层级股票、金字塔式持股和交叉持股的股权结构使控股家族企业虽拥有较少的现金流权但持有更多的投票权，这样所产生的控制权收益是显著的(Cronqvist 和 Nilsson，2003；Dyck 和 Zingales，2004)。Cronqvist 和 Nilsson(2005)以瑞典 1986—1999 年间的配股和非公开发行股票为研究样本，发现控股家族企业为了长久保持控制权地位的动机会影响到其融资决策行为，因为当非公开发行对象是非家族成员式的投资者时，会稀释控股家族股份，并且由于新的投资者会因持有较大股权比例而有更大动力监督上市公司的运营和募集资金的使用，会威胁到控股家族企业获取私有收益，因此，这样的家族控股企业一般不会考虑采用非公开发行方式，而采用公开增发或配股的股权融资方式；同时，即使采用非公开发行，也会向有利于巩固自己控制权的对象发行。

3.2 减少逆向选择成本

按照 Akerlof(1970, 2002)的柠檬理论，资本市场中所存在的高度信息不对称对低质量公司有更大的吸引力，出于逆向选择，投资者会离开市场，从而导致市场上"烂柠檬"充斥；同时 Akerlof(1970)观察发现欠发达国家的市场表现出更强的柠檬效应。但是，高质量公司有动力向市场揭示自己的质量以克服逆向选择，增加自身市场价值(Chemmanur, 1993)，而非公开发行股票由于面对较少的特定发行对象，便于信息沟通和保守商业秘密，因此能够成为减少逆向选择成本的一种有效融资方式。Wu(2004)认为信息不对称程度高的市场更容易吸引低质量公司，而低质量公司有较少的动机向市场披露自己的质量以减少信息不对称，因此作者以 1986—1996 年间高科技上市公司的公开发行和非公开发行为研究样本，发现存在较高信息不对称的公司更倾向于非公开发行。Cronqvist 和 Nilsson(2005)通过对瑞典 1986—1999 年间配股和非公开发行股票的研究，同样发现当上市公司存在更大信息不对称时会偏爱非公开发行。

3.3 降低道德风险成本

当企业与另一家企业联合进行研发投资或进入新的市场领域时，由于契约的不完全性，很容易出现道德风险问题，而通过股权纽带使这两家企业联合能够使他们利益趋于一致并显著减少签订契约的成本和事后"敲竹杠"(holdup)问题(Williamson, 1979; Aghion 和 Tirole, 1994)，而非公开发行可以通过引入战略投资者而达到上述目的。Cronqvist 和 Nilsson(2005)通过研究上市公司进入新的市场领域时，往往通过选择非公开发行而不是公开发行以寻找战略合作伙伴的研究证实了这一点。同时，通过非公开发行股票引入大股东能够提高对现有管理层的监督作用，从而也可以减少管理层的道德风险问题，Wruck(1989)的研究证实了这一点。

3.4 作为协调机制以降低已存在股东间的摩擦

Chakraborty 和 Gantchev(2013)发现，与公开增发的上市公司相比，非公开发行的公司多是股权分散且债权相对集中的陷入财务困境的公司。陷入财务困境的公司可能经历了控制权从股东至债权人的转移，在这种情况下，公司任何已有政策的改变都需要股东和债权人谈判或协商。而公司的非公开发行提高了股东协调能力，便利了和公司债权人就公司政策的谈判。债务谈判对非公开发行的公司特别重要，因为陷入财务困境的公司进入公开市场进行融资等受到了诸多限制。

Chakraborty 和 Gantchev(2013)以 1995—2007 年的美国非公开发行为样本，以同期间的公开发行(secondary equity offerings)为参照样本，采用倾向评分(propensity score)配对方法，发现公司已有股东的协调能力和公司债权人的集中度分别与公司非公开发行的选择高度相关。研究显示，公司股东协调能力 1 标准差的下降会带来非公开发行选择比例 38%的增加，并且，公司债权人集中度 1 标准差的增加会带来非公开发行选择比例 20%的增加。同时，文章也研究了公司股东的协调能力和非公开发行的因果关系，发现协调机制在解释公司的非公开发行和公开发行的融资选择方面，起了非常重要的作用。可见，非公开发行提高了股权间的协调，带来了 1 年之内有利债务再谈判的可能性，同时减少了股东之间的协调摩擦，最终企业债务违约的几率减少了一半。

4 本章研究小结

本章详细回顾了非公开发行股票的相关研究文献。非公开发行的研究主要围绕三条主线，分别是流动性限制对股票价格的影响、非公开发行股票折价和不同融资方式选择的影响因素，每一部分在理论基础阐述之上，介绍了相关经验研究，为本部分的研究奠定了理论基础。

我国的非公开发行股票是股权分置改革之后的产物，虽然也有一定的锁定期，但是它与前述 Chen 和 Xiong(2001)、Chen 和 Yuan (2005)等所研究的流动性受限制股票的最大不同在于后者的研究是在股权分置改革之前，在他们的样本期间，非流通股没有流通的预期，而非公开发行股票在发行时就已经有了明确的流通日期(一般是 1～3 年)，这使得中国上市公司的非公开发行股票和国外流动性受到限制的股票更加趋同。虽然这些研究总的表明，限制期越长，受限制股票的价值越低，但是对于投资者为何会要求并且上市公司也愿意接受这么大折价的问题，尚未回答清楚(Hertzel 和 Smith，1993)。

在关于非公开发行股票折价的研究中，监督效应和信息不对称假说是从积极的角度解释非公开发行股票发行折价，认为这种折价反映的是对“积极”投资者的一种价值“补偿”，并且理论前提是管理层代表现有股东的利益，但是，这两种假说都没有考虑到管理层机会主义行为对非公开发行股票折价的影响，同时，其缺陷还在于不能很好地解释非公开发行后企业长期业绩下滑的问题(Hertzel 等，2002)，并且 Wu(2004)的研究也发现针对管理层的非公开发行股票的折价要大于管理层不参与发行的折价，因此他对非公开发行是一种提高监督作用的内在需求提出了质疑。管理层机会主义行为和财富转移假说则从负面解释了非公开发行股票折价，认为折价反映的是管理层或大股东的一种机会主义行为；但是，Barclay 等(2007)的研究由于对消极投资者的界定存在一定的主观性，经验证据不够直接和客观，并且其与 Wruck 和 Wu(2005)的研究结论存在较大不一致。Baek 等的(2006)研究只局限于家族控制企业，并且家族企业同时控股几家上市公司的现象在大多数国家资本市场结构中也并不普遍，适用性受到限制。

由于非公开发行制度一直不完善及非公开发行市场的不发达，国内对其研究较少。焦津洪和娄家杭(2002)最早从比较法的角度研究了我国曾经实行过的公司职工股、内部职工股、基金对新股发行的优先配售和法人配售制度这几种股票非公开发行方式，并指出其与美国非公开发行制度的区别。有关股改之后非公开发行股票的研究中，章卫东(2007)对宣告非公开发行股票新股、非公开发行股票新股实现集团公司整体上市的公司股票价格的短期市场表现进行了实证研究。郑琦(2008)根据发行对象将实行非公开发行股票的公司划分为完全向大股东的发行、向大股东和机构投资者的发行和完全向机构投资者的发行三组，并对比研究不同的发行价格。这些研究加深了我们对中国非公开发行股票现象的理解，但尚欠缺制度层面的理论分析。朱红军等(2008)通过驰宏锌锗的案例研究对非公开发行股票进行了有益的探索，从理论根源层面指出非公开发行股票是大股东进行利益输送的工具；郭思永和张鸣(2013)则从大股东获取控制权收益的角度对驰宏锌锗将股改和非公开发行股票捆绑于一起的行为进行了研究，并从制度层面对大股东这种机会主义行为进行了剖析。但这些研究局限于个体案例，尚欠缺大样本的经验证据予以佐证。

概而言之，我们发现，虽然目前我国的非公开发行股票已成为市场关注的热点问题，但是，国内理论和实证研究尚处于起步阶段。本书正是在此理论背景之下，结合第3章的制度背景分析，层层展开我国非公开发行股票下大股东自交易行为的研究。

第3章　制度背景和理论分析

根据股票发行对象的不同，可以将股票发行方式划分为公开发行与非公开发行。从中国股票发行制度的发展历程来看，公开发行股票的方式一直占据主导地位，而非公开发行方式虽也有自己的辉煌时期，但也犹如“昙花一现”，长期以来处于被人遗忘的角落。这一部分，我们分别从横向和纵向两条主线对我们所研究的问题——上市公司非公开发行股票所面临的制度背景进行分析。

1　中国和西方成熟国家非公开发行制度比较研究

根据美国及其他发达国家的经验，与公开发行相比，非公开发行具有许多特殊的价值。随着中国股票发行制度的日臻成熟，非公开发行必将越来越受到重视。本节试图从比较法的角度，以美国法为参照，以期了解美国政府是如何制定非公开发行这项制度安排的，进而比较中西方非公开发行制度安排的差异性。

1.1　美国法律制度下的非公开发行制度研究①

美国拥有世界上相对更为成熟、完善的股票市场和证券法律体系，其非公开发行制度也更为健全。而美国的非公开发行市场是世

① 本部分主要参考了焦津洪和娄家杭《中国股票非公开发行研究以美国法为视角》(见《中外法学》2002年第4期)、于绪刚《美国私募发行制度研究》(见吴志攀、白建军主编:《证券市场与法律》，中国政法大学出版社2000年版，第209-250页)和郭雳《美国证券私募发行法律问题研究》(北京大学出版社2004年版)。

界上主要的证券市场之一，是我国公司筹集海外资金的主要场所之一。因此，研究美国法律制度下的非公开发行制度对于分析、评价我国非公开发行制度具有重要的意义。

美国1933年《证券法》第4条(2)规定，不涉及公开发售的证券发行不受第5款约束，即发行人无需向证券交易委员会呈报注册说明书与招股说明书供注册登记。总体而言，非公开发行股票主要涉及两个法律问题：一是如何认定非公开发行；二是在非公开发行中认购的股票的再出售问题。

1.1.1 如何认定"非公开发行"

在美国证券法中，认定非公开发行的标准几经变迁，总的趋势是从较为固化的形式条件转变为相对柔性的多因素综合考量的标准。根据SEC 1935年的公告(release)①，最早确认非公开发行主要考查四项因素：①发行对象的人数，包括发行对象之间及其与发行人之间关系的性质；②发售的证券单位数量；③发售的规模；④发售的方式。就人数、数量及规模而言，自然是越小越易被认定为非公开发行。就发售方式而言，以是否直接发售，而不采用公众传播媒介作发售推介为判定依据。这种单纯的、形式上的认定标准持续长达20余年，直到1953年最高法院在SEC v. Raltson Purina Company案中，才将认定非公开发行的关注焦点由表面的发行特征，转到对非公开发行的制度、功能分析上来，即以发行对象是否需要1933年证券法注册登记强制信息披露的保护作为判定是否认定非公开发行并给予豁免的最终出发点。在该案中，最高法院的判决认为，1933年证券法采取注册制和强制披露的目的是确保向投资者充分披露投资者认为形成投资决策所必需的信息，使其可以作出适当的投资决定，以保护投资者正当利益。而非公开发行豁免使投资者不再享有这层保护，因此问题就集中于发行对象究竟是否需要

① 参见General Gounsel's Opinion, Securities Act Release No. 285, Jart. 24, 1935。

这种法律保护。如果发行对象不需要，也就是说，他们有能力自我保护，则非公开发行豁免应被肯定。一般而言，具备投资经验并不等于具备信息获取途径，因为如果无法获得与注册登记程序中获取的信息等同的信息，即使是那些对投资业务拥有丰富经验与判断力的人，也仍然难以作出合理的投资判断。

1.1.1.1　个人投资者为发行对象

为证明非公开发行豁免的合法性，发行人必须证明发行对象是具有投资经验的成熟投资者，且对相关信息拥有合理的获取途径。

1）有投资经验的成熟投资者(sophisticated investor)

在实践中，美国的法院有时会以发行人未能证明所有发行对象均为成熟投资者而判定不能适用非公开发行豁免。什么是“成熟投资者”？这是一个程度上的问题，一般来说，投资者是否能够理解、评价投资风险的性质是判定其成熟性的主要衡量因素之一。根据美国法院确认非公开发行豁免的案例，下列因素对于法官认定非公开发行豁免有较大影响：发行对象的职业地位与投资经验；发行对象的年龄、智识和拥有的财富及收入；发行对象的特定行为如是否经常向投资专家进行咨询；是否属于某一投资群体成员或经常参与这类团体的活动；是否经常对发行人会计报表进行查阅。[①]

总结起来，在发行对象资格的认定上主要考察三个方面：一是考察发行对象理解投资风险的能力，即发行对象是否对金融投资事宜有一定认识，或具有就投资事宜寻求合格专业咨询人员建议的机会和条件；二是考察投资者承受投资风险的能力，这实际是对投资者的个人财富多少的考虑，即损失风险的程度对个人财富的影响大小，一般应考虑投资本金的大小及投资失败导致损失的概率；三是考察发行对象与发行人或发起人的个人关系，如是否是家庭成员，是否有亲友关系、曾经存在的雇佣关系、曾有的商业合作关系等。

① 参见 Fletch, Sophisticated Investors under the Federal Securities Laws, 1988 Duke L. J 1081。

如果有这种关系，则发行对象的投资一般是出于与投资风险和收益无关的非经济因素的考虑，如血缘、慷慨、友谊等，从而与公众利益的保护相去甚远，因而无需通过发行监管给予保护。①

2）获取相关信息及其获取途径

发行对象在认购股份时已经获取充足的相关信息，或者有足够的获取相关信息的途径，也是法院判定是否可以享受非公开发行豁免的重要依据。SEC 的规章并没有对发行对象获取了多少信息才达到要求确立一个明确的标准，根据法院判例，必须达到一个成熟的投资者足以运用其知识、技能作出投资判断的程度，就像“科学家必须有足够的标本进行研究、实验一样”。

当发行对象未实际获取相关信息时，则要考察发行对象是否拥有获取相关信息的有效途径。美国法院一般会从发行对象的谈判能力(bargaining power)，以及其与发行人之间关系两方面加以考察。就谈判能力而言，如果发行对象拥有获得相关信息的条件和资源，具有相当的金融事务方面的经验及较为长期的投资历史，法院将会认为其有较强的谈判能力，可以要求发行人提供其需要的信息，就能满足非公开发行豁免的要求。就与发行人之间关系而言，如果由于发行人与发行对象之间的特殊关系，使发行对象能够有机会接触到包含相关信息的公司文件与记录，或者发行人承诺开放上述文件、记录，并保证就发行对象的疑问予以恰当答复，则也会被认为满足了本项的要求。

根据美国法院的判例，在认定是否给予非公开发行豁免时，获取信息及其获取途径这一因素比投资者是否是“成熟投资者”更重要。这与证券法强制信息披露的立法理念是相吻合的，法律只保证投资者的投资机会平等，而非结果的平等。

1.1.1.2 “经认定的投资者”为发行对象

普通个人投资者在金融投资事务方面拥有的智识判断力上的

① 参见 Doran v. Petroleum Management Corp.，545 F. 2d 893(5[th]cir.)1977。

差异，在发行认购时谈判能力上的差异，都可能造成投资者之间实质上的不公平，因此法律有必要区别对待，分别给予适当的保护。而对于机构投资者而言，由于拥有较多专业知识和强大的谈判能力，他们往往无需依赖证券法的保护即能获取所需信息。因此，根据美国法，只要他们具备特定的身份，即所谓"经认定的投资者"，就会被视为成熟投资者。那么究竟哪些发行对象可以被视为"经认定的投资者"呢？

根据美国法院的判例，作为机构投资者的金融机构、退休金计划、风险投资公司、具有一定规模的公司等其他组织及其股东均属于"经认定的投资者"。同时，作为发行人的内部人和达到特定收入或财富水平的自然人，也属于"经认定的投资者"[①]。SEC 在总结法院判例的基础上，在"条例 D"(Regulation D)下"规则 501"(Rule 501)的定义条款中，详细列举了"经认定的投资者"的 14 种类型。

1.1.2 非公开发行证券的再出售(resale)[②]问题

对于非公开发行证券的再出售，美国法律并不是绝对禁止。法律监管的重点在于投资者在获取证券时的目的是为了长期持有，还是仅仅为了作下一步分销(distribution)。根据 1933 年证券法第 4 款规定，非公开发行豁免不适用于承销商。作为承销商，其基本特征在于他从发行人处认购、购买证券的目的是为了再次分销出售给投资者，而不是为了长期持有。因此，"规则 502"要求发行人尽到合理注意义务，以确保买方不具有承销商身份。判定发行对象是否有分销意图，主要考察他持股时间的长短，以及持有人是否因发生了不可预见的事件从而被迫再出售证券。"规则 144"(Rule 144)与"规则 144A"(Rule 144A)分别对非公开发行证券的再出售作了规定。"规则 144"涉及持股期限定的流通转让，即在二级市场上的交

① 参见 Doran v. Petroleum Management Corp. ,545 F. 2d 893(t[th]cir.)1977。

② 与股票"再发售"，即"二次发售"(secondary offering)不同，后者适用于公开发行，尤其是"格架式发行"(shelf offering)的情况。

易流通。“规则 144A”则对向“合格机构投资者”(qualified institutional buyers,简称“QIB”)的转让作了规定。

1.2 中国非公开发行股票的实践[①]

我国证券法律、法规中对非公开发行的称谓是不统一的,更多的是使用“特定对象募集”“定向募集”“非公开发行”“非公开发行股票”[②]等,没有出现过“私募”“私募发行”“非公开发行股票”的字样。我国股票市场上对非公开发行的管理也是随着证券市场的发展而逐步完善的。中国股票市场上现有和曾经实施过的非公开发行主要有以下方式。

1.2.1 对基金、法人的定向募集

从广义上讲,对法人的定向募集既包括股份有限公司成立时的募集,也包括公司设立后的资金募集,即发行新股。前者主要是《股份有限公司规范意见》所称的定向募集公司与发起设立的公司所采取的募集方式。由于从 1995 年开始,证监会的有关文件规定股份公司必须在成立后经过 1 年辅导期方可公开发行股票[③],因而股份有限公司成立时的募集设立(包括定向募集设立)实际上已无法施行。因此,本节如下所探讨的对基金和法人的定向募集主要是公司设立后发行新股时向法人的定向募集。向法人的定向募集包括对证券投资基金的配售、对法人的配售。

1.2.1.1 向证券投资基金的配售

1998 年,中国开始进行证券投资基金的试点,推出了封闭式契

---

① 本部分中 1.2.1 对基金、法人的定向募集和 1.2.2 对自然人的定向募集两部分内容主要参考了焦津洪和娄家杭:《中国股票非公开发行研究以美国法为视角》(见《中外法学》2002 年第 4 期)。

② 《股份有限公司规范意见》(体改生〔1992〕31 号)所采用的是“定向募集”;2005 年修订的《公司法》第二章第 78 条中所采用的是“特定对象募集”;2005 年修订的《证券法》第二章第 10 条中所采用的是“非公开发行”;2006 年《上市公司证券发行管理办法》(证监会第 30 号令)采用的是“非公开发行股票”。

③ 具体参见《关于对公开发行股票公司进行辅导的通知》(证监发字〔1995〕138 号);2000 年 3 月 16 日《股票发行上市辅导暂行办法》(证监发〔2000〕17 号)再次予以确认。

约型证券投资基金。当时基于大力扶持机构投资者的政策考虑，政府对其采取了扶持政策，赋予基金对新股发行的优先配售权。与此同时，为防止这种扶持政策被滥用，也对基金配售比例及配售所得证券的持股期等加以硬性限制。根据证监会《关于证券投资基金配售新股有关问题的通知》(证监基字〔1998〕28号)，首先，可以进行基金配售的证券发售必须达到一定规模，即只有在公开发行量在5 000万股以上的新股发行才允许采用基金配售方式。其次，基金配售的规模受到一定的限制，即在配售比例上，以1亿股、2亿股为界采取三段制[①]，最高不超过公开发行量的20%；在配售数量上，每只基金的申购量不得超过公开发行量的5%，且1年内用于配售的资金累计不超过该基金募集资金总额的15%。最后，基金对配售获得的新股必须锁定一段持股期，即基金获配的新股自该新股上市之日起2个月后方可流通。

为了进一步培育机构投资者，以解决证券市场过度投机等深层次问题，证监会又于1999年11月11日发布了《关于进一步做好证券投资基金配售新股工作的补充通知》(证监基金字〔1999〕34号)，进一步放松了对基金配售的约束。首先，在可采用配售方式的证券发行类型上，除新股首发外，已上市公司增发的股票、配股剩余股票也可向基金配售，且所用资金不计入配售新股的资金总额。其次，在配股比例上取消了三段制，不仅统一了适用比例，即原先的最高比例20%，而且将20%作为最低配售比例要求发行人提供给基金配售认购，同时将每只基金1年内用于配售的资金累计额从占该基金募集资金总额的15%提高到30%。最后，在持股期的限制上变化较大，采用了新的基准，规定每只基金1年内所配售的全部新股，占配售新股资金总额50%的部分，自配售之日起6个月内不能流通，其余50%部分自新股上市之日起即可流通。

① “三段制”是指公开发行量在5 000万股至1亿股的，配售比例为10%；公开发行量在1亿股至2亿股的，配售比例为15%；公开发行量在2亿股以上的，配售比例为20%。

2000 年 5 月 18 日证监会发布了《关于调整证券投资基金认购新股事项的通知》(证监基金字〔2000〕34 号),规定在新股发行时将不再单独向基金配售新股,而只能按法人配售、二级市场配售和上网申购的方式认购新股。这标志着证券投资基金配售新股的优先权被取消了。

1.2.1.2　与一般投资者上网发行结合的法人配售

根据证监会 1999 年 7 月 28 日发布的《关于进一步完善股票发行方式的通知》,发行股票可以采取对一般投资者上网发行和对法人配售相结合的方式。采取此种方式发行股票必须具备以下条件:①发行人总股本必须在 4 亿元以上;②发行方案必须经证监会核准;③作为配售对象的法人是在中国境内登记注册的,除证券经营机构以外的有权购买人民币普通股的法人;④配售的法人与发行人之间不得有关联关系,即与发行人有股权关系或为同一企业集团的法人不得参加配售,以防他们交叉持股,变相抽逃注册资本。

该“通知”对战略投资者与一般法人加以区别,并分别规定了具体的配售方法。所谓战略投资者,是指与发行人业务联系紧密且欲长期持有发行人股票的法人;一般法人则是指与发行人无紧密联系的法人。该“通知”对何为“业务联系紧密”、何为“长期持有”没有作出解释。此后,证监会在 2000 年 8 月颁布的《法人配售发行方式指引》,要求发行人在招股意向书中必须细化和明确战略投资者的定义,同时在中国证券业协会内设立“法人配售审核小组”,负责对法人配售对象的资格审查。

关于持股期的限制,该“通知”规定,战略投资者应与发行人签订配售协议,并约定持股期间不得少于 6 个月,而一般法人配售的股票自该股票上市之日起 3 个月后方可流通。《法人配售发行方式指引》进一步要求发行人保证使其股票发行 1 年后,可随时流通的股票不少于公司总股本的 25%,总股本在 4 亿股以上的不少于 15%。

关于配售比例,该“通知”规定,对法人的配售应在公开发行量的25%～75%，对每一个配售对象的配售股份不得超过发行人发行在外普通股总数的5%，一般不应少于50万股。但在证监会2000年8月颁布的《法人配售发行方式指引》中，将发售比例与发行量规模相结合，即发行量为8 000万股以下的，如使用法人配售方式的应采取回拨机制，发行量为8 000万股以上的，对法人的配售比例原则上不应超过发行量的50%，发行量在2 000万股以上的可适当提高。

随着我国证券市场的发展，尤其是以基金为代表的机构投资者队伍的不断扩大，证监会于2004年12月出台了《关于首次公开发行股票试行询价制度若干问题的通知》(证监发行字〔2004〕162号)，废止了上述配售方式，采用股票发行询价制度，同时要求发行人及其保荐机构应向参与累计投标询价的询价对象配售股票，并要求机构投资者承诺将获配股票锁定3个月的规定。

总结中国的基金、法人定向募集，可以发现具有以下几个特点：①定向募集是与面向社会公众进行的公开发行联结在一起、同时进行的，因此仍需证监会对证券发行予以审核；②均有承销商的参与，因而仍然属于间接发行；③规定了公开发行规模的最低限制，原则上是8 000万股以上；④关于持股期限制，不同的法人其持股期和起算点也有所不同。一般法人配售是从该公开发行股票的上市日起算，3个月后方可上市流通。战略投资者的持股期是双方约定的，至少为6个月以上。⑤关于配售比例，由于对法人的配售采取与社会公开发行同时进行的方式，因此规定了对法人配售的上限，以保证一般投资者能够认购一定比例的新股。

尽管对基金、法人的配售政策对于扶持机构投资者起了积极的推动作用，但在当时也受到一些人士的激烈批评。他们认为，由于中国证券一级市场具有风险小、获利大的特点，因而对基金、法人配售的优惠政策实际上是对中小投资者利益的侵犯，违反了公平原则。

1.2.2 对自然人的定向募集

中国至今实施过的向自然人的定向募集主要有公司职工股和

内部职工股两种形式。

1）公司职工股

公司职工股是指股份有限公司在公开向社会发行股票的同时以发行价格向其职工定向发行的股票。关于这种股份的规定，最早见于1992年5月15日由国家体改委发布的《股份有限公司规范意见》，该规范意见第24条中提到“社会募集公司的本公司内部职工认购的股份，不得超过公司向社会公众发行部分的10％”。1993年4月，由国务院发布的《股票发行与交易管理暂行条例》中对于公司职工股的规定基本延续了上述规范意见的内容。1993年12月29日公布的《公司法》中没有提及公司职工股。但是，在实践中发行公司职工股的做法依然继续着。1994年2月，国家体改委、国家证券委发布了《关于社会募集股份有限公司向职工配售股份的补充规定》，规定公司职工股在公司股票上市后6个月即可上市公开转让。

证监会1996年12月26日《关于股票发行工作若干规定的通知》之六“关于职工股上市问题”中规定：“凡采取募集设立的股份公司，本公司职工可按不超过社会公众股10％的比例认购股票，但人均不得超过5 000股。”从严格意义上说，公司职工股并非是真正意义上的非公开发行，而是公开发行中的部分定向发行，即在公开发行的股票中为公司职工保留一定的份额。至于在审核程序方面，它与公开发行的股票并无明显的差别。1998年11月，中国证监会发布了《关于停止发行公司职工股的通知》，明确规定通知下发之日起，股份有限公司公开发行股票一律不再发行公司职工股。

2）内部职工股

内部职工股是指法律、法规限定范围内的人员作为投资者持有定向募集股份有限公司发行的股份[①]。它与公司职工股有所不同，适用于定向募集股份有限公司，而非社会募集公司，它采取簿记形

① 参见《定向募集股份有限公司内部职工持股管理规定》第3条。

式的股权证而不是股票。

有关内部职工股的法规最早见于1992年5月15日由国家体改委、国家计委、财政部、中国人民银行、国务院生产办公室颁布的《股份制企业试点办法》。该办法之五规定，股份制企业内部职工持股主要遵循以下原则：①不向社会公开发行股票的股份制企业内部职工持有的股份，采用记名股权证形式，不印制股票。②不向社会公开发行股票的股份制企业内部职工持有的股权证，要严格限定在本股份制企业内部。③不向社会公开发行股票的股份有限公司在转为向社会公开发行股票时，其内部职工持有的股权证，应换发成股票，并按规定进行转让和交易。④转化为有限责任公司的，内部职工所持股份可以转为"职工合股基金"，以"职工合股基金"组成的法人成为本有限责任公司的股东。

在由国家体改委同时发布的《股份有限公司规范意见》中也有类似的规定[①]。但是到了1993年年初，内部职工股的实践已经出现了许多混乱情况。1993年4月，国务院办公厅转发了国家体改委等部门《关于立即制止发行内部职工股不规范做法的意见的紧急通知》，指出一些企业"超范围、超比例"发行内部职工股，有的以法人名义购买股份后分发给个人，有的在报纸上公开发布招股说明书在全国范围内招股，等等，因此要求各地对发行内部职工股进行规范。

1993年7月，国家体改委又发布了《定向募集股份有限公司内部职工持股管理规定》。根据该规定，内部职工股的发行对象限于公司募股时在公司工作并在工资花名册上列明的正式职工、公司派往子公司联营企业工作而劳动人事关系仍在本公司的外来人员、公司的董事和监事、公司全资附属企业的在册职工，以及公司及其全资附属企业在册管理的离退休职工[②]。同时，该规定明确禁止公司

① 参见《股份有限公司规范意见》第7条、第24条、第25条、第30条。

② 参见《定向募集股份有限公司内部职工持股管理规定》第5条。

法人股股东单位的职工、公司非全资附属企业及联营企业的职工、公司关系单位的职工、公司外的党政机关干部、公司外的社会公众人士等购买和持有内部职工股[①]。

关于持股期，该文件规定，首先，内部职工持有的股份在公司配售3年内不得转让，但在持有人脱离公司、死亡或其他特殊情况下不受此3年持股期限制，但只能是转让给公司其他内部职工或由公司收购，3年后只能在内部职工之间转让，不得在社会上转让交易；其次，公司转为社会募集公司时，内部职工持有的股份自配售之日起满3年后才能上市转让交易。有关再出售方式，该文件规定转让股份需经公司委托的证券经营机构办理。该文件规定，内部职工认购的股份总额不得超过公司股份总额的2.5％。

从以上内容可以看出，向内部职工的定向募集作为我国企业股份制改造的方式之一，其制度安排的出发点是双重的：第一，职工的利益不会因企业原有体制的变更而受到过大的损害，具有工人、职员福利的性质；第二，希望以此把公司的利益、命运与职工的利益、命运以股权为纽带联结起来，调动管理者、职工的劳动积极性，具有激励的性质。

1993年12月通过的《公司法》中没有规定定向募集股份有限公司和内部职工股，使定向募集股份有限公司和内部职工股的存在丧失了法律依据。到了1994年年初，由于国家经济形势发生重大变化，政府对于金融市场加强了宏观控制，对发行内部职工股采取了停止审批的措施。1994年6月19日，国家体改委发布了《关于立即停止审批定向募集股份有限公司并重申停止审批发行内部职工股的通知》，规定各地、各部门立即停止审批定向募集股份有限公司和审批发行内部职工股。此后，原有的定向募集股份有限公司有的通

---

① 参见《定向募集股份有限公司内部职工持股管理规定》第6条。

过改制经过批准转变为社会公开募集公司，其内部职工股在新股发行满 3 年后得以上市流通，有的则遗留了大量问题，至今仍未得到解决。

1.2.3 股权分置改革之后的非公开发行股票

2005 年 8 月，证监会、国资委、财政部、中国人民银行和商务部五部门联合发布的《关于上市公司股权分置改革的指导意见》（证监发〔2005〕80 号），指出为了"注重营造有利于积极稳妥解决股权分置问题的市场机制"，实行"新老划断"①，对"完成股权分置改革的上市公司优先安排再融资，可以实施管理层股权激励，同时改革再融资监管方式，提高再融资效率"。以此为契机，面向特定对象的非公开发行股票作为对上市公司股权分置改革的激励措施，成为上市公司再融资的一项主要途径。2006 年 5 月，证监会颁布第 30 号令《上市公司证券发行管理办法》，使上市公司非公开发行股票有了基本的管理制度，明确了非公开发行股票的内涵，并成为证券监管机构恢复上市公司再融资"三步走"的第一步，受到市场的青睐。该办法对特定对象的人数也作出了限制性规定，指出"发行对象不超过 10 名"，并就发行价格、锁定期等作出了一些刚性约束，指出发行价格不低于定价基准日前 20 个交易日公司股票均价的 90%；非公开发行的股份自发行结束之日起，12 个月内不得转让；控股股东、实际控制人及其控制的企业认购的股份，36 个月内不得转让等；对非公开发行股票的销售方式也作出明确规定，即上市公司发行证券，应当由证券公司承销；非公开发行股票，发行对象均属于原前 10 名股东的，可以由上市公司自行销售。同时，这也表明非公开发行也不再是个别公司的"特权"，而成为所有符合制度规定的上市公司直接融资的一种渠道。

① "新老划断"是指对首次公开发行的公司不再区分上市和暂不上市流通的股份，对存量上市公司分步解决股权分置问题（参见《关于上市公司股权分置改革的指导意见》（证监发〔2005〕80 号）和 2006 年 5 月证监会新闻发言人就《上市公司证券发行管理办法》答中国政府网记者问）。

为使非公开发行股票制度更具可操作性，2007 年 2 月 2 日，深圳证券交易所发布《深圳证券交易所上市公司非公开发行股票业务指引》，对深圳证券交易所的上市公司的非公开发行股票行为从具体业务层面进行了规范指导。

2007 年 9 月，证监会发布并实施《上市公司非公开发行股票实施细则》（证监发行字〔2007〕302 号），明确上市公司非公开发行股票的功能定位，“上市公司非公开发行股票，应当有利于减少关联交易、避免同业竞争、增强独立性；应当有利于提高资产质量、改善财务状况、增强持续盈利能力”。进一步明确了非公开发行对象关于锁定期、定价原则，指出当发行对象为：①上市公司的控股股东、实际控制人或其控制的关联人；②通过认购本次发行的股份取得上市公司实际控制权的投资者；③董事会拟引入的境内外战略投资者三种情况之一时，其认购价格或者定价原则应当由上市公司董事会的非公开发行股票决议确定，并经股东大会批准；认购的股份自发行结束之日起 36 个月内不得转让。同时发布的《公开发行证券的公司信息披露内容与格式准则第 25 号——上市公司非公开发行股票预案和发行情况报告书》（证监发行字〔2007〕303 号），进一步细化了非公开发行股票的信息披露制度。

1.3　中美非公开发行制度比较与分析

从具体制度来看，中美非公开发行制度安排存在诸多不同。主要表现于以下几个方面。

1.3.1　制度目标的定位

从美国非公开发行制度来看，共有四种规范性文件：《证券法》4(2)节、《D 条例》《144 规则》和《144A 规则》，历史跨度近 60 年，调整同样的内容，相互延续，互相协调，但又可以分别构成不同类型的非公开发行市场，制度安排的基本目标始终是：通过豁免监管部门对股票非公开发行的审核、注册，加快发行人的筹资速度，节约其筹资时间与成本，同时使监管部门的审核压力减小，以便能更有效地分配监管资源，以实质上达到“公平与效率”“市场与监管”的均衡。然而，中国实行的非公开发行制度安排的目标定位则未重视对中小投资者利益保护，甚至完全将中小投资者的利益抛之脑后，不同时期服务于不同政策目标。

在内部职工股方面，主要是为了使雇员、职工能够分享股份制改造所带来的一部分利益，使他们以往对公司的贡献获得一定程度的补偿，同时通过利益共享、风险共担激励他们更积极地工作。在法人配售上，同样是出于多重目的：一是吸引资金相对充裕的企业、机构投资者进入一级市场，以弥补股票发行市场规模日益扩大所带来的资金需求缺口；二是为了引入以机构投资者为代表的投资力量，改变中国证券市场个人投资者比重过高、投机色彩过重的现状；三是通过培育机构投资者解决诸如法人治理结构等制度问题。而股权分置改革后实行的非公开发行股票则定位于有利于减少关联交易、避免同业竞争、增强独立性，实质上其制度定位于面向大股东，旨在通过收购大股东资产而“整体上市”。这些制度安排一是没有很好地体现或者根本没有考虑保护公众投资者的利益，而局限于为部分利益集团服务，其意是想通过政府干预的手段扶植市场尽快地建立，其质却令证券市场尽失“公平”，打击了中小投资者的信心。同时，这种制度安排定位目标的不统一，一方面使所设计的制度安排适用范围过窄；另一方面使市场预期更加不明确。

1.3.2 关于发行对象资格的认定

中国非公开发行制度在发行对象方面一直没有明确的定义。已实施的法人定向募集的对象——基金、战略投资者和一般法人实际上与美国法上规定的“经认定的投资者”基本相似，但对后两类缺乏具体的、细节上的规定。虽然证监会要求股票发行人在招股说明书中明确战略投资者的定义，但并没有提供一种可资参考的原则和标准。例如,在对法人的定向募集方面,没有规定申购者资产规模的最低要求,更没有根据法人的不同经营范围规定具体的资格要求,譬如划分为金融机构、员工福利计划、产业投资基金、证券投资基金及一般的财产信托等。而美国法在这些方面则有非常完善的规定①。

在对自然人的定向募集上,中国没有区分公司职工、雇员的不同身份,以及投资经验、信息获取途径等方面的差异而采取同等对待。而根据美国法,向公司职工、雇员发行股票并不当然适用非公开发行豁免,因为普遍雇员在投资经验或投资成熟性方面,以及对有关发行人信息的获取与获取途径上都不能当然认定为具有承担非公开发行风险的能力。换而言之,其中的一部分人仍然需要证券法强制信息披露的保护。在公司内部人员中,下面两类人员一般被认为可以自担风险从而无需有证券法的保护:一类是发行人公司董事、高级管理人员等能够获取发行人信息,或有充分的途径获取必要信息的人,同时,这些人由于负责公司的经营管理,具有一定的金融财务知识,也就有一定的投资风险认识;另一类是个人财富达到一定规模的人,因为这些人完全有能力承担投资失败的风险。

在 2006 年实行的《上市公司证券发行管理办法》中,对非公开发行股票的特定对象也没有进行明确的规定,只是要求"特定对象符合股东大会决议规定的条件;发行对象不超过 10 名。发行对象为境外战略投资者的,应当经国务院相关部门事先批准"。但是,特定发行对象的资格认定是确保非公开发行市场公平的一道门槛,这并不仅仅与非公开发行参与者利益相关,还意味着对市场上其他公众投资者权益的保护,而政府此时却将重点监管的权限授予了上市公司。

① 参见 1933 年法第 2 条和"条例 D"下的"规则 501"。

1.3.3 关于再出售

非公开发行再出售体现于持有锁定期和再出售方式两个方面。

关于持股期的限制，美国法针对不同的再出售方式有不同的规定。对于按照“规则144A”向“合格的机构买方”非公开发行的股票，由于仅在机构投资者之间流通、转让，并不影响中小投资者的利益，对市场的冲击不大，因此无持股期限制；而按照“规则144”以市场交易方式再出售的股票，如果持股人与发行人存在关联关系，则持股期至少1年，而如果两者之间不存在关联关系，则持股期为2年。相比之下，中国没有按照再发售方式的不同分别规定持股期，而只是按照认购对象分别限定持股期，当非公开发行对象为上市公司的控股股东、实际控制人或其控制的关联人，或通过认购本次发行的股份取得上市公司实际控制权的投资者，或境内外战略投资者时，认购的股份自发行结束之日起36个月内不得转让，其他发行对象认购的股份自发行结束之日起12个月内不得转让。

在非公开发行股票再出售的方式方面，美国按照向“合格的机构买方”或二级市场交易分别进行规定，并且当通过二级市场交易时，明确规定持有人只能通过经纪商(broker and dealer)或与做市商(market maker)进行交易，这样规定就不会造成对市场的冲击，同样也是以保护中小股东利益为出发点的。但是，中国目前这些方面的法律、法规尚无明确、具体的规定，这一方面源于根据中国证券法，规定证券转让必须在合法场所进行，而中国境内只有两个证券交易所可以进行证券交易，并不存在柜台交易系统，流通股只有在股票上市后方能以交易的方式再出售；另一方面也显示出政府部门所设计的非公开发行制度安排过于粗糙，没有考虑非公开发行股票再销售对二级市场的影响。但是在中国，由于非公开发行规模一般来说较大，当持股锁定期满时，非公开发行对象的抛售极易造成对二级市场的冲击，不利于证券市场的稳定和对中小股东利益的保护。

1.3.4 关于政府监管

政府或其监管部门在非公开发行证券过程中所起的作用，从中美非公开发行制度来看，是迥异的。美国对非公开发行的监管立法始终坚持了《证券法》的基本理念和取向，不同时期出台不同的监管规范文件，旧有的监管制度依然存在，新的则着眼于法律环境的变化。而中国的非公开发行制度与之相比，则相去甚远。

究其缘由，一方面，这可能源于中美两国实行了不同的证券发行审核制度，美国实行的是“公开原则”(full disclosure)指导下的注册制，这种制度是以强制性信息公开披露为基础的，而非公开发行由于具有募集对象的特定性和发售方式的限制性而使其能够获得发行审核豁免[①]。在中国，1997年之前，证券市场发行采用严格的审批制，实行额度管理和指标控制，1997年之后，开始实行核准制，但依然强调政府在资源配置方面的主导作用，证券监管部门制定了严格的增发、配股等再融资条件，不符合条件的公司被拒绝取得相应资格[②]。另一方面，与美国成熟的非公开发行制度相比，中国对非公开发行制度缺乏深入的研究，没有把握非公开发行制度的要旨，有关制度设计存在漏洞，缺乏统一、完整的制度目标，可操作性也差，因此在实践中容易受到扭曲，难以发挥应有的功能。

---

① 非公开发行豁免针对的是发售行为，故称“交易豁免”，这与“证券豁免”是有区别的。所谓证券豁免，主要是指对政府发行的证券以及其他法律规定的证券的豁免。两种豁免的区别之一就是在再发售(second offering)时，交易豁免下的证券仍需受到发行审核，即其再发售行为需要再次证明符合豁免条件。在证券豁免下，豁免的效力持续存在于该证券之上，即再发售行为可以获得当然豁免。

② 2013年11月7日通过的《中共中央关于全面深化改革若干重大问题的决定》，正式确定了“推进股票发行注册制改革”的改革方向。上市发行股票由核准制改为注册制，必将引起原有的相关监管机构职能的重大调整及上市利益链条的彻底改变。注册制能否顺利实施还有赖于配套的制度环境和市场成熟度。因此，注册制对非公开发行股票的制度变革和实践影响，尚需假以时日进行观察。

在中国此种证券发行审核制度指导下，同时为了防止、消除由于制度目标不明确所引致的消极后果，监管机关又不得不采取几乎与公开发行股票完全相同的监管措施。例如，曾试行过的股票非公开发行制度——有关公司职工股、内部职工股、基金对新股发行的优先配售和法人配售制度都规定所实行的定向募集必须与公开发行相结合，而不能单独进行，以使监管部门对其予以审核。对于非公开发行股票来说，更是几乎和公开发行的监管审核程序没有差异，可见这些措施反过来又损害了非公开发行制度本身应有的价值。

2 中国股票市场投资者法律保护

保护中小投资者的利益关系到中国证券市场的生存与发展。自20世纪90年代初我国股票市场设立以来，中小投资者法律保护是随着我国证券市场的规范与发展而逐渐建立与完善起来的，据沈艺峰等(2004)的研究，以《中华人民共和国公司法》(以下简称《公司法》)和《中华人民共和国证券法》(以下简称《证券法》)的生效为界，我国中小投资者法律保护实践可以分为以下三个阶段①。

1) 中小投资者法律保护的初级阶段(1994年7月以前)

1992年以前，在上海和深圳等证券市场发育较早的城市，中小投资者法律保护的规范和依据主要来自地方政府或各部委制定的一系列行政法规，如上海市《股份制企业暂行办法》(1988)、深圳经济特区《国营企业股份化试点暂行规定》(1986)、广东省《经济特区涉外公司条例》(1986)、国家体改委、国家计委、财政部和中国人民银行等《关于股份制企业试点办法》(1992)、国家体改委《有限责任

① 关于中小投资者法律保护实践三阶段的划分和相关论述，本书主要参考了沈艺峰等(2004)的研究。

公司规范意见》(1992)和《股份有限公司规范意见》(1992)等。这些区域性或部委制定的法规主要对中小投资者的表决权、转让权等基本权利作出暂行规定,均带有明显的地方性和临时性的特点。随着国务院证券委员会和中国证监会的成立,证券立法进入全国性时期,中小投资者法律保护的建设速度明显加快。1993年4月22日,国务院发布《股票发行与交易管理暂行条例》,成为新中国第一部正式的全国性股票市场法规,该条例同时对上市公司信息披露、公司会计政策与审计制度以及股权的持有与转让等与中小投资者法律保护的相关行为作了详细和具体的规定。与此同时,《公开发行股票公司信息披露实施细则》(1993)、《禁止证券欺诈行为暂行办法》(1993)《上市公司送配股的暂行规定》(1993)、《会计法》(1994)、《年度报告的内容与格式(试行)》(1994)和《中期报告的内容与格式(试行)》(1994)等一批重要的法律、法规相继出台,对《股票发行与交易管理暂行条例》作了重要的补充和充实,使我国中小投资者法律保护得到明显的改善。不过,依据沈艺峰等(2004)的研究,这一阶段我国中小投资者法律保护仍具有如下几个缺点:第一,中小投资者法律保护的法律、法规具有明显的阶段性特征,容易被新的法律、法规所替代;第二,行政色彩较为浓厚,缺乏法律、法规的严肃性与权威性,尚未能够对中小投资者进行依法保护;第三,各项法律、法规之间缺乏严密的立法逻辑,前后解释没有一致性;第四,有关中小投资者法律保护的条款往往仅具有原则性,可操作性较差。

2) 中小投资者法律保护的发展阶段(1994年7月至1998年7月)

1994年7月1日,我国《公司法》生效,这是新中国第一部规范公司行为的商事法,它成为规范我国公司股票与债券发行和上市的重要法律渊源,同时《公司法》也将初级阶段的各地方和部委关于中小投资者法律保护的行政法规以完整的全国性立法的形式确定下来。《公司法》所涉及的中小投资者法律保护范围主要包括中小股东的表决权和临时股东大会召集权等基本权利，此外还包括公司会计和送配股等政策性规定以及信息披露和审计等制度性办法。应该说，《公司法》的施行代表我国中小投资者法律保护开始进入有法可依的阶段。在《公司法》颁布之后，我国又相继发布一系列与中小投资者法律保护有关的法律，这一法律突出显示了这一阶段我国中小投资者法律保护的一大特点，即在这一阶段，我国主要是从信息披露这个角度来规范中小投资者的法律保护。例如，这一时期先后出台了《公司股份变动报告的内容与格式（试行）》（1994）、《配股说明书的内容与格式》（1994）、《上市公司办理配股申请和信息披露的具体规定》（1994）、第 1 次修订后的《年度报告的内容与格式》（1995）、第 1 次修订后的《中期报告的内容与格式》（1996）、《企业会计准则——关联方关系及其交易的披露》（1997）和《上市公告书的内容与格式（试行）》（1997）、《招股说明书的内容与格式》（1997），以及第 2 次修订后的《中期报告的内容与格式》（1998）、第 2 次修订后的《年度报告的内容与格式》（1998）和第 1 次修订后的《配股说明书的内容与格式》（1998）等法律、法规，这批法律、法规从各个方面较为系统和完整地建立起上市公司信息披露制度。

3）中小投资者法律保护的完善阶段（1999 年 7 月以后）。

1999 年 7 月 1 日，我国规范公司证券发行和交易行为，保护投资者合法权益的另一部基本法——《证券法》正式发布。《证券法》将我国以往的中小投资者法律保护的经验和做法以法律的形式予以肯定，既保持了我国中小投资者法律保护实践的连续性，又根据新的情况和新的问题，充实和确立新的中小投资者法律规范。《证券法》除继续强化上市公司信息披露制度外，开始注意到上市公司的公司治理问题，如对内幕交易、操纵证券价格、欺诈投资者等行为及法律责任在《证券法》中都作出了较为明确的规定。之后，《上市公司股东大会规范意见》（2000）、《关于在上市公司建立独立董事制度的指导意见》(2001)和《上市公司治理准则》(2002)陆续出台,进一步从公司治理角度确保中小投资者的权益能够得到有效的法律保护。这一阶段中小投资者法律保护呈现如下几个特点:第一,投资者(特别是中小投资者)合法权益的法律保护得到高度的重视。例如,《证券法》明确其立法宗旨之一是“保护投资者的合法权益”。《证券法》认识到必须为证券发行和交易提供良好的法律环境,确保公平、公正和公开进行证券交易,防止中小投资者受到欺骗,才能树立中小投资者的信心;第二,中小投资者法律保护的理念发生重大改变,法律保护重点从信息披露等外部制度建设转到上市公司的公司治理上。我国自 1978 年以来,虽然历经扩大企业自主权、经营承包责任制、股份制试点和公司化改造等阶段,但公司治理制度基本上处于有名无实的状态。例如,《公司法》尽管可被看成是规范公司治理的基本大法,但没有专门章节讨论公司治理问题。而公司治理不完善,中小投资者的合法权益就无法得到根本保证。因此,此阶段与中小投资者法律保护相关的法律、法规重点在于建立公司治理的法律、法规体系;第三,认识到董事会在公司治理中至关重要的地位,董事会的重要性和独立性得到重视。2001 年出台的《关于在上市公司建立独立董事制度的指导意见》明确规定,上市公司董事会至少都应该包括 1/3 的独立董事,这在优化董事会人员构成,强化董事会内部的制衡机制,填补监事会监督的空白,加强董事会的监督职能,以及提升董事会的决策水平和经营管理水平,强化公司内控机制等方面起到积极作用。

然而,在法制建设取得显著成绩的同时,投资者法律保护不力几乎也是公认的事实。在股票市场发展过程中,虚假陈述、利润操纵、包装上市、大股东侵占、内幕交易等侵害中小股东利益的违法违规案件不断出现,典型的如琼民源、红光实业、东方锅炉、大庆联谊、蓝田股份、银广夏、科龙电器等事件。这说明,虽然法律、法规不少,但是未能得到有效执行。

2001年9月21日，“银广夏”事件后，最高人民法院发布《关于涉证券民事赔偿案件暂不予受理的通知》(法明传〔2001〕406号)，基于“受目前立法及司法条件的局限，尚不具备受理及审理这类案件的条件”的理由，对证券市场上发生的因内幕交易、操纵市场、虚假陈述等侵权行为而引起的民事赔偿纠纷案件下发了“暂不受理”的通知。2002年1月15日，在各方努力下，最高人民法院发布《关于受理证券市场因虚假陈述引发的民事侵权纠纷案件有关问题的通知》，其中规定，“人民法院对证券市场因虚假陈述引发的民事侵权赔偿纠纷案件，凡符合《中华人民共和国民事诉讼法》规定受理条件的，自本通知下发之日起予以受理”。这是我国证券法律实施的一大进步，也是中国股票市场有史以来首次明确要求法院受理虚假陈述民事赔偿案件的司法解释。这一通知为虚假陈述民事赔偿诉讼打开了大门，通知发布后，各地法院陆续开始受理此类案件。2003年1月9日，最高人民法院发布《关于审理证券市场因虚假陈述引发的民事赔偿案件的若干规定》(法释〔2003〕2号)，在之前发布的《关于受理证券市场因虚假陈述引发的民事侵权纠纷案件有关问题的通知》的基础上，对审理虚假陈述民事赔偿案件作出了系统性司法解释。

2004年1月，国务院发布的《关于推进资本市场改革开放和稳定发展的若干意见》(国发〔2004〕3号)明确指出，要保护投资者特别是社会公众投资者的合法权益。证监会为贯彻上述若干意见，于2004年12月7日发布《关于加强社会公众股股东权益保护的若干规定》(证监发〔2004〕118号)，出台以切实保护社会公众股股东权益为中心，规定了以社会公众股股东表决制度为主要内容的一系列措施。该规定主要从试行公司重大事项社会公众股股东表决制度；完善独立董事制度，充分发挥独立董事的作用；加强投资者关系管理，提高上市公司信息披露质量；提倡上市公司实施积极的利润分配办法；加强对上市公司和高级管理人员的监督等五个方面，提出具体措施来加强对社会公众股股东权益的保护。

当然，作为经济转轨时期发展起来的证券市场，限于当初特定的历史背景，《证券法》在指导思想上带有比较浓厚的管制与干预色彩，已经严重制约了资本市场的发展，需要不断进行修正和完善。2005年10月，修订后的《证券法》以"保护社会公众投资者特别是保护中小投资者合法权益"作为最为基本的出发点在证券发行、交易和证券监管各个方面都有体现，如参照国际上的通行做法，专门增加了一条规定，"国家设立证券投资者保护基金，证券投资者保护基金由证券公司缴纳的资金及其他依法筹集的资金组成"。禁止任何单位和个人挪用客户的证券和资金。此外，新法明确了对投资者造成损害的民事赔偿制度，规定内幕交易、操纵证券市场和欺诈客户的行为给投资者（客户）造成损失的，行为人应当承担赔偿责任。

投资者是资本市场的源泉和基础，尽管目前中国机构投资者类型日益增多，持有流通A股市值占流通A股总市值的70%以上（截至2011年年底），但中国资本市场仍是一个以个人投资者为主体的市场，投资者尤其是中小投资者专业知识欠缺、风险意识淡薄、风险承受能力弱，在信息获取和专业能力上有天然劣势，权益容易受到侵害。鉴于此，2012年1月，致力于保护投资者利益的专门投资者保护机构——投资者保护局正式成立。证监会投资者保护局负责证券期货市场投资者保护工作的统筹规划、组织指导、监督检查、考核评估。其主要职责为：拟定证券期货投资者保护政策法规；负责对证券期货监管政策制定和执行中对投资者保护的充分性和有效性进行评估；协调推动建立完善投资者服务、教育和保护机制；研究投资者投诉受理制度，推动建立完善投资者受侵害权益依法救济的制度；按规定监督投资者保护基金的管理和运用；组织和参与监管机构间投资者保护的国内、国际交流与合作。

中国证券投资者保护基金公司[①]发布的《2012年度上市公司投资者保护状况评价报告》显示，2012年度上市公司投资者保护状况客观评价平均得分为75.48分，较2011年增长了5.05%，较2003年增长了33.99%，我国上市公司投资者保护状况保持着不断改善的趋势。

2014年5月9日，国务院发布《关于进一步促进资本市场健康发展的若干意见》(国发〔2014〕17号)，明确指出处理好风险自担与强化投资者保护的关系。即加强投资者教育，引导投资者培育理性投资理念，自担风险、自负盈亏，提高风险意识和自我保护能力。同时，健全投资者特别是中小投资者权益保护制度，保障投资者的知情权、参与权、求偿权和监督权，切实维护投资者合法权益。具体包括：健全投资者适当性制度，严格投资者适当性管理。完善公众公司中小投资者投票和表决机制，优化投资者回报机制，健全多元化纠纷解决机制和投资者损害赔偿救济机制。督促证券投资基金等机构投资者参加上市公司业绩发布会，代表公众投资者行使权利。

3 市场融资需求、整体上市与非公开发行股票制度

目前，中国上市公司证券再融资主要有四种方式，配股、公开增发和非公开发行股票、可转换公司债券[②]。随着证券市场的发展，上述几种再融资方式的监管政策也不断变化，目前稳定于2006年《上市公司证券发行管理办法》(证监会第30号令)，表3.1是当前政府监管部门针对上市公司再融资方式不同制度安排的比较。正是融

① 中国证券投资者保护基金有限责任公司于2005年8月30日登记成立，由国务院独资设立，证监会、财政部、央行有关人士出任董事，于2005年9月29日正式开业，又被简称为中投保。

② 根据2006年《上市公司证券发行管理办法》(证监会第30号令)的定义，配股就是向原股东配售股份，公开增发就是向不特定对象公开募集股份，非公开发行股票就是指上市公司采用非公开方式，向特定对象发行股票的行为，可转换公司债券则是指发行公司依法发行、在一定期间内依据约定的条件可以转换成股份的公司债券。

资制度约束不同，导致了上市公司对不同融资方式的选择偏好，因此，了解政府制定非公开发行股票制度的背景，对我们下一步研究非常重要。本节重点论述我国非公开发行股票制度的成因。

表 3.1

上市公司再融资方式制度约束比较

<table>
<tr><th colspan="2"></th><th>可转换债券</th><th>配股</th><th>公开增发</th><th>非公开发行股票</th></tr>
<tr><td rowspan="2">盈利要求</td><td>一般规定</td><td colspan="3">①最近 3 个会计年度连续盈利。扣除非经常性损益后的净利润与扣除前的净利润相比，以低者作为计算依据；②业务和盈利来源相对稳定，不存在严重依赖控股股东、实际控制人的情形；③现有主营业务或投资方向能够可持续发展，经营模式和投资计划稳健，主要产品或服务的市场前景良好，行业经营环境和市场需求不存在现实或可预见的重大不利变化；④高级管理人员和核心技术人员稳定，最近 12 个月内未发生重大不利变化；⑤公司重要资产、核心技术或其他重大权益的取得合法，能够持续使用，不存在现实或可预见的重大不利变化；⑥不存在可能严重影响公司持续经营的担保、诉讼、仲裁或其他重大事项；⑦最近 24 个月内曾公开发行证券的，不存在发行当年营业利润比上年下降 50%以上的情形</td><td rowspan="2">无</td></tr>
<tr><td>特殊规定</td><td>①最近 3 个会计年度加权平均净资产收益率平均不低于 6%。扣除非经常性损益后的净利润与扣除前的净利润相比，以低者作为加权平均净资产收益率的计算依据；②最近 3 个会计年度实现的年均可分配利润不少于公司债券 1 年的利息</td><td>无</td><td>最近 3 个会计年度加权平均净资产收益率平均不低于 6%。扣除非经常性损益后的净利润与扣除前的净利润相比，以低者作为加权平均净资产收益率的计算依据</td></tr>
<tr><td colspan="2">财务状况</td><td colspan="3">①会计基础工作规范，严格遵循国家统一会计制度的规定；②最近 3 年及一期财务报表未被注册会计师出具保留意见、否定意见或无法表示意见的审计报告；被注册会计师出具带强调事项段的无保留意见审计报告的，所涉及的事项对发行人无重大不利影响或者在发行前重大不利影响已经消除；③资产质量良好。不良资产不足以对公司财务状况造成重大不利影响；④经营成果真实，现金流量正常。营业收入和成本费用的确认严格遵循国家有关企业会计准则的规定，最近 3 年资产减值准备计提充分合理，不存在操纵经营业绩的情形；⑤最近 3 年以现金或股票方式累计分配的利润不少于最近 3 年实现的年均可分配利润的 20%</td><td>最近 1 年及一期财务报表被注册会计师出具保留意见、否定意见或无法表示意见的审计报告。保留意见、否定意见或无法表示意见所涉及事项的重大影响已经消除或者本次发行涉及重大重组的除外</td></tr>
</table>

（续表）

	可转换债券	配股	公开增发	非公开发行股票
发行对象	原有股东和新增投资者	原有股东	原有股东和新增投资者	原有股东和新增投资者，但发行对象不超过10名。证券投资基金管理公司以其管理的2只以上基金认购的，视为一个发行对象
发行数量	本次发行后累计公司债券余额不超过最近一期期末净资产额的40%	拟配售股份数量不超过本次配售股份前股本总额的30%	无	无
发行价格（或转股价格）	转股价格应不低于募集说明书公告日前20个交易日该公司股票交易均价和前1个交易日的均价		发行价格应不低于公告招股意向书前20个交易日公司股票均价或前1个交易日的均价	发行价格不低于定价基准日前20个交易日公司股票均价的90%
发行方式	包销或者代销方式	代销	包销或者代销方式	发行对象均属于原前10名股东的，可以由上市公司自行销售；未采用自行销售方式的，应当采用代销方式
对股东特别要求	无	控股股东应当在股东大会召开前公开承诺认配股份的数量	无	①发行对象认购的股份自发行结束之日起12个月内不得转让；②上市公司的控股股东、实际控制人或其控制的关联人，通过认购本次发行的股份取得上市公司实际控制权的投资者，董事会拟引入的境内外战略投资者认购的股份，36个月内不得转让

（续表）

	可转换债券	配股	公开增发	非公开发行股票
发行失败机制	无	控股股东不履行认配股份的承诺，或者代销期限届满，原股东认购股票的数量未达到拟配售数量70%的，发行人应当按照发行价并加算银行同期存款利息返还已经认购的股东	无	无
证监会审核	普遍程序			特别程序

3.1　市场融资需求与非公开发行股票制度

2001—2005年间中国股市一直处于漫漫熊市阶段，市场直接融资功能严重萎缩，与此形成鲜明对照的是，这期间中国国民经济却高速发展，GDP以年均8%以上的速度快速增长，形成了企业巨大的融资需求和资本市场难以满足的不协调局面。同时，自2005年4月29日股权分置改革试点启动以来，为了有利于股权分置改革的进行并避免产生新的历史遗留问题，从2005年4月底起市场暂停了融资功能，这就使这种不协调在股改之后变得日益突出，市场各方对何时恢复资本市场融资功能尤为关注。

随着股权分置改革取得阶段性成果，特别是两市已股改公司股票走势与活跃程度明显强于大盘，为实行“新老划断”创造了基础性的条件，恢复市场融资功能也成为市场发展的迫切内在要求。2006年5月7日，中国证监会正式公布了《上市公司证券发行管理办法》（证监会第30号令），这标志着处于暂停状态的上市公司再融资功能得以恢复，对完成股权分置改革的上市公司优先安排再融资，以兑现改革政策、扶持改革后公司做优做强，同时这也意味着我国证券市场改革发展步入一个新的阶段。

但此时，政府监管部门对股权分置改革之后市场融资可承受能力依然信心不足，市场预期并不稳固，在坚持改革与维护市场稳定发展相结合的原则指导下，为了最大限度地减轻市场对股市扩容的心理压力，证监会对资本市场实行的制度安排继续贯彻“新老划断”的总体思路，具体实施分为三步走：第一步，恢复不增加即期扩容压力的定向增发及以股本权证方式进行的远期再融资；第二步，择机恢复面向社会公众的其他方式的再融资；第三步，择机选择优质公司，启动全流通条件下的首次公开发行。为体现早改革早受益的政策导向，避免融资过度集中给市场带来的压力，稳定市场预期，股改完成半年以上的公司方可实施对社会公众的再融资，首次公开发行率先在完成股改或进入股改程序的公司市值达到一定比例的省区启动。

可见，非公开发行股票是作为一项制度创新和激励举措，被推上资本市场历史舞台的。事实也证明这项政策适应了当时时局的状况，表现在：一是极大地激起了上市公司进行股权分置改革的热情，上市公司股改全面展开；二是非公开发行股票一下子成为上市公司进行股权再融资的主要方式，当年就有 50 家上市公司成功进行了非公开发行股票，而申请非公开发行股票预案的上市公司更是远胜于此。

3.2　整体上市与非公开发行股票制度

中国证券市场建立初期的上市制度安排造就了大量上市公司非整体资产上市的局面，上市公司独立性不强，不公允关联交易和上市公司资金被占用等问题也就成为政府及其监管部门的心腹之患。如今，政府及其监管部门在出台非公开发行制度安排时，就将制度定位于整体上市问题的解决，漠视了对中小投资者利益的保护。

我国大多数的上市公司是由原先存在的国有企业改制而成的，是坐“直通车”而来的，对于拟改制上市的公司来说，对原有资产进行重组成为上市过程中关键程序之一。如按资产重组的方式划分上市类型，可以分为整体上市、剥离上市和捆绑上市。整体上市是指国有企业的全部业务改制重组为股份公司并增资扩股上市，同时将原企业注销的上市模式。在资本市场不同的发展阶段，由于政府制度安排的不同，公司改制上市的形式也就相应发生着变化。

1993年之前，我国企业集团的发展尚处于起步阶段。1991年8月，国家计委、国家体改委和国务院生产办向国务院提出了《关于选择一批大型企业集团进行试点的请示》，就选择试点的目的、试点企业集团的条件、选择试点企业集团的原则、试点企业集团的管理体制、利税分流改革及审批等十一个问题请示国务院。国务院指示“发展企业集团是一个长期的任务，各地区、各有关部门要加强对这项工作的组织领导，通过实践认真总结经验，正确引导，并要慎重稳妥，注意自愿原则，切忌一哄而起，以便使我国的企业集团随着国民经济的发展逐步壮大”。同年，国家相继出台了一大批关于试点企业集团重要问题的文件和政策。1993年，中共十四届三中全会之后，企业的法人财产权得以确认。1994年开始建立现代企业制度试点，为企业集团的发展步入新阶段创造了条件。因此，1993年之前，从集团中剥离出一部分资产上市并不是当时的主流，这一阶段大部分上市公司都是通过整体改制上市。而且，整体上市是一种未经任何剥离的整体上市，所有资产包括大量的非经营性资产均整体进入上市公司。

1993—1995年间，证券发行采用的是审批制下的“总量控制、划分额度”的办法[①]，在额度制下，企业的流通股规模受额度的限制。结果，各地各部门将自己所分到的额度尽可能分给更多的公司，每

① 1992年12月，国务院颁发《关于进一步加强证券市场宏观管理的通知》，明确提出股票发行规模控制采用“总量控制、划分额度”的办法，其中规定，“一九九三年证券的发行规模，由证券委根据有关部门提出的计划，结合全国经济发展情况提出计划建议，经国家计委综合平衡后，报国务院审批。分地区、分部门的年度规模，由国家计委会同证券委下达”。

家公司所分到的额度有限，因而不得不对上市公司的资产进行大规模的重组、剥离、分割，从而形成以企业的部分资产改制上市为主要改制形式的潮流。公司上市时往往只能将一部分资产，如子公司、分公司，甚至一部分车间、一条生产线纳入上市公司。

鉴于划分额度办法所出现的问题，1996—1999年间，证监会要求新股发行采用“总量控制、限报家数”的办法[①]。在发行家数被限定的情况下，此时问题的关键在于能否取得上市指标。取得上市指标后，为了从股票市场获得更多的资金，各地和各部委往往推荐大型企业整体上市发行股票，因此这一时期上市的公司规模有所提高，但同时也出现了将不相关企业“捆绑上市”[②]的情况。

1999年之后，证监会引入发审委制度，审批制开始向核准制过渡[③]。但李东平(2001)发现，在“供需瓶颈”非常突出的情况下，即使不下达额度指标，仍然存在如何在各部门、各地方进行平衡的问题，存在发行上市的排序问题。可以说，从计划体制下诞生出来的规模控制做法，如同审批制一样，不可能在短期内彻底消失。因此，集团控股剥离上市仍是这一阶段的主流。

中国资本市场发展早期的审批制，虽然有积极的一面，即通过在首次公开发行(IPO)阶段采取分权程序挑选上市公司，在地区间构造竞争性配额，以配额制为核心的分散化行政管制替代标准的法律治理功能(Pistor和Xu，2005)，从而通过控制股市发展规模维护了市场的稳定。但是，也正是在这种“配额制”制度的激励下，地方

① 1996年12月，中国证监会发布了《关于股票发行工作若干规定的通知》，其中指出，“为了扩大上市公司的规模，提高上市公司的质量，1996年新股发行采取‘总量控制、限报家数’的管理办法”。

② 捆绑上市一般是指由于主要发起人资产规模过小，为了充分利用上市机会筹集更多资金，只有临时几个相互独立的经营实体捆绑在一起，做大上市主体。在捆绑上市的情况下，往往产生多个大股东。

③ 1998年12月，全国人大颁布《证券法》，并于1999年7月1日开始实施，其中要求我国股票发行实行核准制。此后，股票发行审核制度开始向核准制过渡，政府原则上不再下达规模控制指标。但以往的发行额度准许跨年度使用。例如，根据中国证监会2000年6月颁布的《关于1997年度股票发行计划指标有关问题的通知》，1997年的额度一直可以使用到2000年。

政府往往把分拆出来的优质资产包装上市，而低质的存续资产则成为地方政府或控股大股东的“包袱”，加之上市公司的资产与控股母公司的资产界定不明确，为以后控股公司侵占上市公司资产留下了隐患和“借口”。

也正是经过这几个阶段的发展，非整体上市的弊端也逐渐暴露出来：“主体上市、原企业改造为母公司”的“剥离”上市模式使上市公司与生俱来地和集团公司之间存在着千丝万缕的关系，如有的上市公司不具备独立完整的供、产、销体系，市场独立性差，对集团公司在原材料供应和产品销售等方面存在依赖性。当然，政府监管部门也逐渐意识到问题的严重性并着手治理。1998年、1999年，证监会连续发出《关于对拟发行上市企业改制情况进行调查的通知》（证监发字〔1998〕259号）和《关于对拟公开发行股票公司改制运行情况进行调查的通知》（证监发〔1999〕4号），要求企业在上市之前实现人员、资产和财务的“三分开”，并将其作为衡量能否上市的一项重要指标，但“貌离神合”，收效甚微[①]。2003年，证监会发布《关于进一步规范股票首次发行上市有关工作的通知》（证监发行字〔2003〕116号），一方面细化并强化了发行人首次上市时的独立性，要求：“（一）与控股股东（或实际控制人）及其全资或控股企业不存在同业竞争；（二）具有直接面向市场独立经营的能力，最近1年和最近一期，发行人与控股股东（或实际控制人）及其全资或控股企业，在产品（或服务）销售或原材料（或服务）采购方面的交易额，占发行人主营业务收入或外购原材料（或服务）金额的比例，均不超过30%；（三）具有完整的业务体系，最近1年和最近一期，发行人委托控股股东（或实际控制人）及其全资或控股企业，进行产品（或服务）销售或原材料（或服务）采购的金额，占发行人主营业务收入或外购

① 2001年度“三九医药”（证券代码：000999）大股东三九药业侵占上市公司资产案是这个问题的典型实例。具体内容见中国证监会文件：证监罚字〔2002〕12号“关于三九医药股份有限公司及赵新先、许宁、于继武、张欣戎、荣龙章、王金锐、崔军、刘晖晖、杨战鏖违反证券法规行为的处罚决定”。

原材料(或服务)金额的比例,均不超过30%;(四)具有开展生产经营所必备的资产,最近1年和最近1期,以承包、委托经营、租赁或其他类似方式,依赖控股股东(或实际控制人)及其全资或控股企业的资产进行生产经营所产生的收入,均不超过其主营业务收入的30%;(五)董事长、副董事长、总经理、副总经理、财务负责人、董事会秘书,没有在控股股东(或实际控制人)中担任除董事以外的其他行政职务,也没有在控股股东(或实际控制人)处领薪;(六)在独立性方面不存在其他严重缺陷。"同时规定,"自2004年1月1日起,发行人申请首次公开发行股票并上市,应当自设立股份有限公司之日起不少于3年。国有企业整体改制设立的股份有限公司、有限责任公司依法整体变更设立的股份有限公司或经国务院批准豁免前款期限的发行人,可不受前款规定期限的限制"。从这点可以看出,证监会的政策导向很明确,就是鼓励和支持国有企业的整体改制上市。中国建设银行和中国银行等一大批国有企业就是在这样的背景下通过注资、股改后实现了整体上市。

2006年5月,证监会又发布《首次公开发行股票并上市管理办法》(证监会第32号令),明确规定"发行人应当具有完整的业务体系和直接面向市场独立经营的能力",并分别从资产完整、人员独立、财务独立、机构独立和业务独立等五方面提出更为严格的上市条件。由于国有企业在国民经济中占有绝对比重,国有控股上市公司的微观结构决定着整个资本市场上市公司的质量,因此,2006年12月,国务院办公厅转发国资委《关于推进国有资本调整和国有企业重组指导意见的通知》(国办发〔2006〕97号),明确提出"股份制成为公有制的主要实现形式""大力推进改制上市,提高上市公司质量。积极支持资产或主营业务资产优良的企业实现整体上市",这些实质上都是从源头上要求企业整体上市。

但是,在从增量上控制企业整体上市的同时,如何使已上市公司(存量)实现整体上市以提高独立性,一直是政府及其监管部门出台政策考虑的重要方面。2003年以来，以相关上市公司的重组改制为基础，并伴随着上市方式的金融创新的整体上市成为市场追逐的热点，整体上市在现实中已有两种可供选择的路径：其一，集团公司借壳实现主业整体上市，也就是上市公司利用“增发”募集的资金来收购集团尚未上市的主业资产[①]；其二，从集团母公司出发，由母公司出面直接进行新股发行（IPO方式），与此同时，采取现金赎回或者用母公司的新发行股票进行交换的方法收回原上市子公司发行在外的股票并进行注销[②]。但学术界对第二种方式提出了质疑，朱红军等（2007）通过对TCL集团整体上市的案例研究发现，由于TCL集团公司受内部人控制，且自身盈利能力较弱，其不仅损害了新公众股东的财富，从长期来看，原公众股东的利益也蒙受了损失，他们还指出，内部人控制下的过度扩张是导致这一结果的重要原因。

股权分置改革之后，非整体上市被实务界和部分学者视为后股权分置时代股市的最大制度缺陷（华生，2006），因此，整体上市的步伐也相应加快，国家相继出台政策规范和引导上市公司的整体上市。2005年8月，证监会、国资委、财政部、中国人民银行和商务部五部门联合发布的《关于上市公司股权分置改革的指导意见》（证监发〔2005〕80号）明确提出“在解决股权分置问题后，支持绩优大型企业通过其控股的上市公司定向发行股份实现整体上市”。2006年12月出台的《关于推进国有资本调整和国有企业重组指导意见的通知》（国办发〔2006〕97号）明确提出“鼓励已经上市的国有控股公司通过增资扩股、收购资产等方式，把主营业务资产全部注入上

① “武钢集团”采用的就是这种整体上市方式。2003年11月18日，由武钢集团绝对控股的上市公司的“武钢股份”董事会发布公告，该公司拟增发不超过20亿股，其中向大股东武钢集团定向增发12亿股国有法人股，向社会公众发行流通股约8亿股，募集资金总额90亿元，增发募资用于收购武钢集团拥有但尚未上市的全部钢铁产业资产。

② TCL通过这种方式首开了国内证券市场集团公司“整体上市”之先河。TCL集团首先于2002年在引入五大战略投资者基础之上完成集团层面的股份制改造，然后于2004年公开发行A股9.94亿股，其中向社会公众投资者首次公开发行5.9亿股，为“吸收合并”而向旗下上市公司“TCL通讯”全体流通股股东换股发行4.04亿股（换股完成后，“TCL通讯”下市并注销），最终实现集团整体上市。

市公司”。2008 年 3 月，证监会出台的《上市公司重大资产重组管理办法》(第 53 号)中，也指出上市公司的重大资产重组要“有利于上市公司在业务、资产、财务、人员、机构等方面与实际控制人及其关联人保持独立，符合中国证监会关于上市公司独立性的要求”的条款。但究竟采取何种方式，哪一种形式更为有效，依然是莫衷一是，而非公开发行股票制度，似乎让监管部门和市场找到了妙药良丹。2007 年 9 月，证监会发布《上市公司非公开发行股票实施细则》(证监发行字〔2007〕302 号)明确指出，“上市公司非公开发行股票，应当有利于减少关联交易、避免同业竞争、增强独立性；应当有利于提高资产质量、改善财务状况、增强持续盈利能力”。其政策导向非常明显，那就是面向大股东，旨在通过收购大股东资产而实现“整体上市”。一时间，非公开发行股票成为上市公司解决整体上市问题的突破口。

从以上分析可以看出，正是中国上市的制度安排造就了大量上市公司非整体资产上市的局面，而如今，政府及其监管部门在出台相应的制度安排时，又不得不更多地考虑如何解决整体上市这个历史遗留问题，而服务于这个政策目标实现的非公开发行股票制度出台也就成为顺理成章之事。然而，问题是整体上市虽然是健全的证券市场的一部分，是值得鼓励的，但是它本身不是目的，而是达到保护中小投资者利益、促进资本市场健康发展的手段，由于政府监管部门误将手段定位于目标，使非公开发行制度偏离了保护中小投资者的正确轨道。这在本书后面章节的实证检验中会得到分析。

4 非公开发行股票制度下大股东自交易的理论分析

大股东自交易行为就是大股东利用其所掌握的控制权将公司财富转移至自身而不与其他股东共享，其具体形式包括转移定价、侵占公司的发展机会、自利的金融交易(如权益发行、公司贷款给内部人)及直接的偷盗等(Shleifer 和 Vishny，1997；Johnson 等，

2000b; Djankov 等, 2008)。La Porta 等(1998)和 La Porta 等(2000b)研究指出,大股东自交易行为更容易发生在对中小投资者利益保护较弱的国家。大股东自交易具备两个明显的特征:一是大股东拥有控制权地位;二是大股东行为的目的为了自身的财富转移。

4.1 非公开发行股票和财富转移理论

La Porta 等(1999)和 Claessens 等(2000)研究发现,股权集中是全球公司所有权结构的主导模式,上市公司更多地被家族、企业集团或国家所控。Johnson 等(2000b)把大股东的这种将资源由上市公司转移到控股股东的行为定义为“财富转移”(tunneling)。他们将“财富转移”的形式划分为三类:一是控股股东直接的偷盗或欺诈(这在世界各地均不合法,但却往往不被察觉或不被惩罚);二是资产销售和契约,诸如以较低的价格将上市公司的资产出售给控股股东(或经理)拥有较高现金收益权的公司、向经理人员(控股股东在其控制的企业中往往同时担任经理)支付较高的薪水、为控股股东(或经理)拥有较高现金收益权的企业提供贷款担保、侵占公司的发展机会等;三是控股股东在不转移资源的情况下,通过稀释少数股东权益、内部交易、歧视性金融交易等资本手段来侵占中小股东利益。Bebchuk 等(2000)的文章表明,控股股东可以通过构造金字塔结构、交叉持股、同股不同权等方式使公司控制权和现金流权产生分离,一旦现金流权和控制权产生了分离,控股股东便有动机对公司进行“财富转移”。

由于大股东财富转移行为的隐蔽性,通常很难找到大规模的控股股东掏空行为的直接证据,但一些间接的证据已经逐步累积起来。Bae 等(2002)通过研究韩国企业集团(chaebols)1981—1997 年间发生的 107 家并购,发现同一企业集团内部并购中,收购公司的股价下降而其他公司股价却上升的现象,作者认为这是控股股东在收购公司比目标公司享有更低的现金流权，而收购公司过度支付的结果，因此得出集团公司间的收购正是将财富从那些公众股东享有多数现金流权的公司转移至控股股东享有多数现金流权的公司之中。Bertrand 等(2002)则通过构建的模型表明，在一个集团中，资源会从现金流权和控制权分离大的企业向分离小的企业转移，他们随后以 1989—1999 年间印度金字塔式控股的商业集团公司为样本，发现处于金字塔底层公司的正的现金流盈利冲击(shock)会传递到处于金字塔高层的公司；反之，并不存在；他们同时还发现，一个正的金字塔底层公司所处行业的盈利冲击所能带给金字塔高层关联企业的盈利冲击是金字塔底层相关联企业的两倍，这些都与印度集团公司中控股股东把利益从低现金流公司向高现金流公司输送的财富转移假说一致。

国内的研究更多地集中于探求大股东财富转移行为的影响因素或动机。李增泉等(2004)就股权结构与控股股东“掏空”行为的关系进行了研究，得出“控股股东占用的上市公司资金与第一大股东持股比例之间存在先升后降的非线性关系，但与其他股东的持股比例则表现出严格的负相关”的结论。高雷和宋顺林(2007)通过对上市公司关联担保的研究，发现有关联担保的上市公司的 Tobin-Q 要显著低于无担保的公司，并得出“第一大股东持股比例与关联担保显著负相关，股权制衡没有发挥对关联担保的抑制作用。投资者利益保护水平与关联担保显著负相关”。李增泉等(2005)研究了上市公司收购兼并非上市公司，发现上市公司在无配股和避亏之忧时进行的并购活动目的在于掏空资产，会损害公司的价值。但是，这些已有的国内文献直接将上市公司大股东资金占用、担保等默认为“掏空”行为而进行研究，逻辑上存在跳跃，缺少相应的理论支持。

当然，如果大股东转移上市公司财富的行为被公众投资者或监管部门所觉察，那么外部公众投资者就会采用“不投资”和“折价购买”的方式来进行“自保”(Jensen 和 Meckling，1976；Claessens 等，

2002; La Porta 等，2002)，或招致监管部门的制裁。因此，控股大股东倾向于选择那些不易为市场参与者所察觉的方式进行财富转移活动。前人的研究更多地集中于 Johnson 等(2000b)所提出的前两种方式，而关于以资本融资手段进行财富转移的直接证据较少。且非公开发行股票由于具有募集对象的特定性和发售方式的限制性，往往被认为是一种“私事”，较少引起股票市场的投资者和政府监管当局的注意(Wruck，1989)，因此非公开发行股票时信息披露要求较低、监管部门审核实行简易程序。但是，非公开发行股票由于涉及公司利益在获得增发股东(包括大股东和其他新特定发行对象)和未获得增发的原有股东之间的重新分配，因此，在我国现阶段上市公司多由大股东控制的情形之下，大股东可以便利地借助这项制度安排通过有意压低针对自己的增发价格而直接获益。同时，根据现行非公开发行股票管理办法，大股东还可以通过实物资产认购非公开发行股份，由于我国中介机构市场化不发达，第三方监督机制的公允性难以得到切实保证，大股东会将质量不高的资产通过非公开发行注入上市公司[①]，从而对上市公司未来的发展产生影响，甚至成为包袱。

因此可以说，探求上市公司中大股东如何通过非公开发行股票实现财富转移行为，具有重要的理论和现实意义。

4.2 非公开发行股票和控制权收益理论

Grossman 和 Hart(1988)将“仅控股股东可以获得，其他股东不能共享的利益”定义为控制权收益，它包括：控股股东通过侵占公司资源，牺牲其他股东利益所谋取的私利；控股公司与控股股东控制的其他公司所产生的协同收益等。Dyck 和 Zingales(2004)则研

① 换个角度看，这种方式实质上是大股东对注入资产的高估，变相压低了定向增发价格。(郭思永和张鸣，2013)通过对上市公司驰宏锌锗定向增发的案例研究，发现大股东存在以低质资产认购增发股份的证据。

究指出，只有当获取公司资源为自己的利益服务这一行为不易被查实时，控股股东才会这么做。国外有关控制权收益的研究主要从控股股东的角度出发，研究控股股东如何利用其控制权来获得自己的私人利益(Grossman 和 Hart，1988；Barclay 和 Holderness，1989；Zingales，1994；La Porta 等，2000a；Dyck 和 Zingales，2004)，这些利益的表现形式有：过高报酬、过度在职消费、关联交易、对公司商业机会的利用及控制权所带来精神上的满足感、较高的声誉等。控制权收益往往是控股股东损害中小投资者利益的形式，Dyck 和 Zingales(2004)通过跨国研究发现在投资者保护比较弱的国家，控制权溢价更高，而资本市场的发展程度更低。

控制权收益所具有的巨大诱惑力显示了拥有控制权地位的重要性。这一方面会引致公司股东为了享有控制权收益而进行控制权地位的争夺，另一方面还会使已经拥有控制权地位的股东在面临外部环境变化时为了避免控制权地位丧失的威胁而巩固控制权地位。

始于 2005 年的股权分置改革是一项旨在完善市场基础制度和运行机制的制度变革，大股东在获得流通权的同时，其控制权地位也受到了很大威胁，这一方面来自于因股改对价支付所带来的控股比例的下降；另一方面更来自于股票市场的全流通为并购市场的活跃创造了积极条件，使最具市场竞争力的敌意收购的可能性大为增加。大股东为了巩固自身对上市公司的控制权地位以长久获取控制权收益，非公开发行股票无疑是一首选的方式。

在全流通市场环境下，上市公司大股东巩固控制权地位，以期获取控制权收益的途径一般来说有两种。一种是通过在二级市场上收购外部其他股东的股份来实现，但是这种方式的成本会比较高，因为一来这会受到政府监管部门的管制约束①；二来由于信息不

---

① 2006 年证监会《上市公司收购管理办法》(证监会第 35 号令)规定，投资者及其一致行动人拥有权益的股份达到一个上市公司已发行股份的一定比例时(如 5%，20%，30%等)，须向政府监管部门提交书面报告和公开披露。这些都无疑增加了上市公司大股东从二级市场增持股份的成本。

对称的存在，外部投资者出于逆向选择会相应提高市场价格，增加收购成本(Grossman 和 Hart，1980)。另一种就是通过在一级市场上新股发行来实现，由于大股东拥有上市公司的绝对控股地位和信息优势，它一方面可以通过操纵非公开发行股票定价而直接转移财富；另一方面可以通过控制增发对象的选择以利于自身控制权地位的巩固。郭思永和张鸣(2013)通过对上市公司驰宏锌锗的非公开发行股票案例研究，发现驰宏锌锗大股东将股改和非公开发行股票捆绑于一起的真正原因在于巩固控制权地位，获取控制权收益。可见，上市公司大股东通过一级市场非公开发行股票是一种成本较低的巩固控制权地位的有效途径。

4.3 资本市场全流通环境与大股东自交易行为

全流通环境下的资本市场，相较于股权分置改革之前，无疑在一定程度上更加有利于证券市场预期的稳定和价格发现功能的实现，公司治理的利益基础也更加趋于一致。但在股权集中的市场微观结构之下，全流通在降低股东与经理层间的代理成本的同时，却加剧了大股东自交易行为。

证券市场的全流通有助于经理人市场的实现。对上市公司管理层而言，股权分置下的股票价格不能作为考核其经营业绩的直接依据，加上会计业绩所具有的可操控性，使得对管理层的能力、勤勉难以进行有效度量，这也就使得更换管理层没有直接的客观经营绩效参考依据，而证券市场的全流通有助于实现公司价格发现功能，进而有利于对上市公司管理层的绩效考核。同时，全流通环境下的接管机制也有助于经理人对股东的尽职尽责，如果企业因为经营管理不善而招致敌意收购，那么在控制权转移之后，接管者要做的可能就是对目标公司管理层的更换，而这种现有管理层所面临的被接管的威胁可以迫使其采取符合股东利益的行动，从而有助于减少股东与管理层之间的代理问题。

对上市公司大股东而言,大股东所持有的原非流通股通过股权分置改革获得了流通权,而流通权是有价值的。这种流通权价值的实现是以股改对价方式来实现的,由于大股东所持有的股票能够流通,使得大股东的风险具备了分散化的可能性,因此,其承担的风险在一定程度上降低了,起到保护大股东的作用。

对中小股东来说,全流通市场环境下由于接管所带来的公司治理效率的提高有助于中小股东从其投资中获取回报,股票价格发现功能也更加有利于中小投资者实现"价格保护",但是,在股权集中或者说存在"一股独大"的上市公司中,全流通环境从另一角度来说也降低了对中小股东利益的保护。究其原因:一方面,大股东所获得的流动性使得与股权分置改革之前相比,降低了其对上市公司管理层进行监督的激励作用(Bhide, 1993; Aghion 等, 2004),小股东"搭"大股东"便车"所获得好处减少;另一方面,全流通市场又加剧了大股东和中小股东之间的代理冲突,这种代理冲突集中体现于大股东的自交易行为。在股权分置改革之前,由于大股东股份不能流通转让,其对上市公司的财富转移行为所导致的成本最终要由大股东自身来承担,因此正如 Johnson 等(2000a)研究所发现的,在经济稳定时期,大股东存在以建立声誉的动机来善待中小股东。当大股东所持股份获得流通权后,自交易成本的负担减轻,并且大股东由于拥有上市公司的信息优势,便利了其在上市公司经营恶化"大白天下"之前的撤离,加之大股东对上市公司所拥有的控制权,会使其有意延迟经营恶化状况的信息披露,以为大股东的"掏空"并撤离赢得时间。

总之,全流通证券市场积极的一面是毋庸置疑的,但是其所带来的利益格局的变化也不容忽视,具体到我们所关注的重点——中小投资者利益保护来说,全流通降低了股东与管理层间的代理成本,却加剧了大股东自交易行为。大股东进行自交易的前提条件是拥有上市公司的控制权,因此,当股权分置改革之后,全流通的市场环境使大股东的控制权地位受到很大威胁时，其有强烈的动机去巩固其控制权。非公开发行制度的出台，为大股东自交易行为提供了良好的“契机”。由于政府推行的非公开发行股票制度存在种种制度性缺陷，大股东通过非公开发行股票直接进行了财富转移，侵害了中小投资者的利益。本书将在之后章节对比进行经验检验。

5 本章研究小结

本章沿横向和纵向两条主线对上市公司非公开发行股票所面临的制度背景进行分析。在纵向上，我们从股权分置改革之前对基金、法人和自然人的定向募集，到股权分置改革之后的非公开发行股票，考察了中国非公开发行制度的变革和实践过程。在横向上，我们通过与西方成熟资本市场国家(主要指美国)所实行的非公开发行制度进行比较，发现中国非公开发行股票在制度定位、发行对象、发行程序等方面与美国存在相当大的差异，这种差异既来源于中国政府监管部门制度安排设计定位不够明确，也来自制度背景的差异，因为非公开发行股票这项制度安排的效率极大地依赖于其他有关制度安排的存在和有效性。

同时，我们从历史发展角度，分析了中国资本市场投资者法律保护的发展历程，发现自 20 世纪 90 年代初中国股票市场设立以来，中小投资者法律保护是随着我国证券市场的规范与发展而逐渐建立与完善起来的。虽然正如《中国上市公司投资者保护状况评价报告(2011 年度)》指出的，中国上市公司投资者保护整体状况从 2003—2011 年呈现逐年改善之势，但仍任重而道远。通过分析中国股票市场的投资者保护、市场融资需求、整体上市和非公开发行股票的关系，可以得出初步结论：当前非公开发行股票制度将保护中小投资者利益的手段——整体上市定位为目的，反而在实质方面忽视了对中小投资者的保护。

理论是研究的基石，我们以大股东自交易作为研究非公开发行股票的理论基础。全流通环境下的资本市场，相较于股权分置改革之前，更有利于证券市场预期的稳定和价格发现功能的实现，公司治理的利益基础也更加趋于一致。但在股权集中的市场微观结构之下，全流通在降低股东与管理层间的代理成本的同时，却加剧了大股东自交易行为。

由上可见，由于中国上市公司非公开发行股票过程中所面临的特殊制度背景，成熟资本市场发展起来的非公开发行股票行为及其相关理论，未必适用于中国上市公司非公开发行股票问题的研究。

第 4 章　非公开发行股票折价与大股东自交易研究

1　问题的提出

上市公司非公开发行股票的发行定价是否公平合理，直接关系到原有股东、新股东、大股东和小股东之间的利益分配，是多方利益博弈的焦点，关系到增发方案能否顺利实施，因而是上市公司非公开发行股票行为研究中的核心问题之一。非公开发行股票中一个特殊现象就是非公开发行股票发行折价相较于配股、公开增发等公开发行股票的折价程度更高。基于此，较早的研究以成熟资本市场国家作为研究背景，分别从流动性受限（Silber, 1991）、监督效应（Wruck, 1989）、信息不对称（Hertzel 和 Smith, 1993）、管理层防御（Barclay 等, 2007）等角度对其进行理论阐释和经验研究。而在关于新兴资本市场的研究中，已有研究并未得到一致结论。Baek 等（2006）、张鸣和郭思永（2009）发现非公开发行股票折价程度过高是公司内部人的一种财富转移行为，而徐斌和俞静（2010）、卢闯和李志华（2011）则指出我国非公开发行股票折价中并不存在大股东自交易行为，市场投资者情绪是影响非公开发行股票折价的重要因素，投资者情绪越乐观（悲观），非公开发行股票折价越大（小）。研究结论的不一致及解释因由的多样性，说明迄今为止学术界尚未建立一个完整的理论框架来对此进行分析，这也反映出目前这方面的研究尚值得我们进一步深入思考。

Fan 等(2011)指出新兴资本市场企业与成熟资本市场的企业相比,在企业组织和行为方面存在重大差别,应从制度环境、市场、企业组织层面进行新兴市场中企业行为的研究,像成熟资本市场那样直接比较企业行为与业绩之间关系,往往会误入歧途。我们承袭其研究架构,摒弃国外借助非公开发行股票之后的长期业绩来辅证增发折价驱动因素(Hertzel 等, 2002)的研究路径,通过制度层面的投资保护约束机制来直接探求其对微观企业增发定价行为的影响。同时,我们的研究也有助于厘清新兴市场下关于非公开发行股票折价因由的争议。若非公开发行股票折价是上市公司控股股东的大股东自交易手段,那么,逻辑上顺而推之,投资保护约束机制就会抑制公司内部人的财富转移行为,降低非公开发行股票折价;反之,若非公开发行股票折价反映的是投资者情绪,那么折价高低就不会受到宏观投资保护环境的显著影响。

非公开发行股票中最为核心的问题是,如何确定非公开发行股票发行价格;非公开发行股票价格的合理性是通过非公开发行股票折价来反映的,影响非公开发行股票折价的因素很多,我们所关注的是:在我国的制度环境中所设计的非公开发行制度安排下,非公开发行股票会具有怎样的特征?大股东是否会利用其所拥有的控制权,将非公开发行股票作为一种财富转移的工具?投资保护约束机制是否会抑制公司大股东借助非公开发行股票折价的自交易行为?

2 理论分析和研究假说

中国的上市公司最为重要的特征表现之一是股权集中度较高,呈现“一股独大”,其他股东难以有效制衡大股东行为,这就使得大股东能够有效控制非公开发行股票价格的制定和增发时机的选择;

虽然机构投资者有时作为特定增发对象参与其中,但由于折价发行中其与大股东利益一致,因此与大股东"合谋"是他们的理性选择,国内已有研究发现,机构投资者与控股大股东的"合谋"在股权分置改革过程中侵害了中小流通股股东的利益(靳庆鲁和原红旗,2006;吴超鹏等,2006;靳庆鲁和原红旗,2009)。加之中国投资者法律保护环境相对落后,缺乏相应的法律规范和监管制度约束大股东的机会主义行为,因此,很容易产生大股东借助非公开发行股票侵占中小投资者利益的问题。国内已有研究表明,大股东会利用手中的控制权掏空上市公司,侵占中小股东利益(李增泉等,2004;李增泉等,2005;高雷和宋顺林,2007)。

同时,非公开发行股票由于具有募集对象的特定性和发售方式的限制性,往往被认为是一种"私事",较少能够引起股票市场的投资者和政府监管当局的注意(Wruck,1989),因此,非公开发行股票制度对上市公司非公开发行股票的信息披露要求较低,政府监管部门又实行简易审核程序,虽然这在一定程度上提高了发行效率,但相较于其他再融资方式,降低了发行的透明度。并且,当大股东参与或主导非公开发行股票时,其本身是一项关联交易,这就使得控股大股东有较强的动机通过非公开发行股票这种较为"隐蔽"的方式来从上市公司转移财富。更为重要的是,非公开发行股票涉及新老股东利益分配,其复杂性表现为当大股东参与非公开发行股票时,大股东一方面代表原有股东的利益,另一方面又代表新增股东的利益,因此,找到决定大股东非公开发行股票意愿的条件,成为我们研究问题的关键。下面我们通过构筑简单模型进行分析,并提出相应研究假说。

假设非公开发行股票之前,上市公司发行在外的股权总数为 S_0,控股大股东拥有上市公司的股权比例为 α;上市公司实施非公开发行股票,增发总股份为 S_I,控股大股东从中认购比例为 β;那么,上市公司非公开发行股票之后的股权总数为 $S_N = S_0 + S_I$。进一步假设上市公司非公开发行股票之前的价格为 P_0，非公开发行股票发行价格为 OP。据此：

上市公司非公开发行股票发行之前的企业价值为：

$$V_0 = P_0 \times S_0 \tag{4.1}$$

上市公司非公开发行股票发行之后的企业价值为：

$$V'_0 = P_0 \times S_0 + OP \times S_I \tag{4.2}$$

控股大股东在非公开发行股票前从上市公司所拥有的财富为：

$$V = \alpha \times V_0 = \alpha \times P_0 \times S_0 \tag{4.3}$$

控股大股东在非公开发行股票之后在上市公司拥有的财富为：

$$\begin{aligned} V' &= \frac{\alpha \times S_0 + \beta \times S_I}{S_0 + S_I} \times V'_0 \\ &= (P_0 \times S_0 + OP \times S_I) \times \frac{\alpha \times S_0 + \beta \times S_I}{S_0 + S_I} \end{aligned} \tag{4.4}$$

那么，控股大股东在上市公司非公开发行股票行为中的财富变化为：

$$\begin{aligned} \Delta V &= V' - V - \beta \times OP \times S_I \\ &= (P_0 \times S_0 + OP \times S_I) \times \frac{\alpha \times S_0 + \beta \times S_I}{S_0 + S_I} - \alpha \times P_0 \times S_0 - \beta \times OP \times S_I \\ &= \frac{S_0 \times S_I}{S_0 + S_I}[(\beta - \alpha) \times (P_0 - OP)] \end{aligned} \tag{4.5}$$

由于 $S_0 > 0$，$S_I > 0$，所以，欲使 $\Delta V \geqslant 0$，

须有 $P_0 > OP$，且 $\alpha < \beta$ (4.6)

或 $P_0 < OP$，且 $\alpha > \beta$ (4.7)

条件(4.6)表明，在非公开发行股票折价发行（$P_0 > OP$）下，大股东欲从上市公司非公开发行股票中获益，其认购比例要大于非公开发行股票之前在上市公司中所占的股权比例（$\alpha < \beta$）；其经济含义在于，假设非公开发行股票由于过度折价产生 1 元的财富转移

量(也就是非公开发行股票对象从上市公司原有股东处转移财富 1 元),那么由于大股东认购的比例为 β,从而会直接获得 β 元($1\times\beta$)的财富转移收入,但是由于大股东在原有上市公司所占的比例为 α,为此它也会遭受 α 元($1\times\alpha$)的财富损失,据此,大股东通过非公开发行股票累计获得的收益为 $\beta-\alpha$ 元。换言之,在非公开发行股票折价发行条件下,大股东以新股东身份认购所获得的财富收益要大于原有股东身份所带来的损失。并且可以看出,相同数额过度折价下,大股东增发认购比例大于原有持股比例的差额越大,大股东所获得的财富转移量越大。条件(4.7)表示了非公开发行股票溢价发行($P_0<OP$)下,大股东欲从上市公司非公开发行股票中获益,其认购比例要小于非公开发行股票之前在上市公司中所占的股权比例($\alpha>\beta$)的情况。可见,非公开发行股票的发行价格和大股东认购比例共同决定了控股大股东实施非公开发行股票的意愿,以及从上市公司转移财富的多少。据此,我们提出如下假说 4.1。

假说 4.1:非公开发行股票的折价水平与大股东非公开发行股票之前持股比例与认购比例之差,显著负相关。

同时,我们可以看到,投资者保护质量限定了公司内部人侵占外部股东利益的能力,进而也决定了投资者对证券市场的信心和资本市场的发展(La Porta 等, 1997; Shleifer 和 Wolfenzon, 2002)。处于转型期的中国,国内市场处于较为严重的市场分割(Young, 2000; Poncet, 2003)状态,虽然整合国内市场有利于发挥中国整体经济增长的规模效应,但是,采取分割市场的政策在省际的博弈中却可能是一个占优策略,因为在地方政府看来,一定程度的分割市场有利于当地经济增长(陆铭和陈钊, 2009)。这样就造成了当前中国经济和社会发展的一个突出特点即地区间的不平衡。地区间治理环境的差异会影响一个地区的公司财务和投资者保护(沈艺峰等, 2009; 樊纲等, 2011),进而会影响当地企业的融资行为。已有的实证研究发现，较强的投资者保护环境下企业拥有更低的控制权私人收益（Dyck 和 Zingales，2004）、更低的融资成本（Hail 和 Leuz，2006），对于非公开发行股票而言，投资保护环境对控股大股东机会主义行为的影响，主要基于以下因素。

一是良好的投资保护环境有利于企业内部公司治理机制的形成，而良好公司治理能够抑制大股东借助非公开发行股票折价的财富转移。公司治理结构在很大程度上内生于公司所处的制度环境，各地区投资保护环境、市场化进程差异对企业股权结构的形成具有重要影响（夏立军和陈信元，2007），而股权结构作为公司治理机制形成过程中的重要因素，其性质决定了公司代理问题的基本性质。因此，投资保护环境会影响企业内部的公司治理，而良好公司治理不仅能够降低对中小股东的剥削，有助于公司股票的合理定价（Gompers 等，2003），更为重要的是，公司治理可以有效避免非公开发行股票前的盈余操纵。Chen 等（2010）研究发现，上市公司在非公开发行股票前通过应计项进行了正向盈余管理。章卫东（2010）指出，上市公司通过向控股股东及其子公司非公开发行股票而收购其资产的前 1 年，进行负的盈余管理以利于进行财富转移。而公司治理有利于降低可操控的应计项（Klein，2002；Cornett 等，2008）和公司内部人的“内幕交易”行为（Jagolinzer 等，2011）。二是良好的投资保护环境有助于外部约束治理机制的建立。公司所在地的投资保护程度越大，相应的市场化程度越高，其对高质量外部审计的需求也就越大，高质量外部审计可以有效地抑制内部人借助非公开发行股票折价的财富转移。雷光勇和范蕾（2009）对国内审计市场的研究证实了这一点，他们发现市场化程度越低的地区，对高质量审计的需求就越低，外部审计对内部人利益侵占的抑制受到限制。同时，在市场化程度较高的地区，完善的法律保护与监管体系为强制信息披露的质量提供了制度保障，提高了公司的盈余质量（程新生等，2011）。

由上可见,对于非公开发行股票而言,投资者保护越强的地方,上市公司大股东侵占中小投资者利益所受到的约束越强。在投资者保护环境较差的地区,这种通过非公开发行股票折价进行大股东自交易的行为也就更为突出。据此,我们提出如下研究假说 4.2。

假说 4.2:上市公司所在地投资者保护水平越强,越能抑制大股东借助非公开发行股票折价的大股东自交易程度。

3 研究设计

3.1 样本选择和数据来源

本章数据主要来自上海万得信息技术股份有限公司提供的 Wind 资讯数据库,同时根据上市公司公布的《非公开发行股票发行情况暨上市公告书》[①]及相关公告补充收集了部分数据资料。由于非公开发行股票始于股权分置改革之后,规范 2006 年《上市公司证券发行管理办法》(证监会第 30 号令)对其进行了规范,因此,我们选取 2006—2010 年所有已经完成非公开发行股票的上市公司作为研究对象,剔除一家无效样本[②],共 575 家。其中非公开发行股票 2 次的上市公司 77 家、3 次的 10 家、4 次的 1 家。

表 4.1 列示了样本的分布情况。Panel A 分年度统计显示,2006 年度非公开发行股票样本较少,主要是因为 2005 年 4 月股权分置改革试点之后,监管部门为了利于股权分置改革的进行并避免产生新的历史遗留问题,暂停了资本市场融资功能;2006 年 5 月,证

① 上市公司非公开发行股票完成之后发布公告书的名称并不统一,除了《非公开发行股票发行情况暨上市公告书》,有的还以《非公开发行股票发行情况报告书及结果公告》《非公开发行股票发行结果暨股份变动报告书》等名称表示。

② 宗申动力(股票代码:001696),2007 年 10 月 12 日同时向董事长左宗申和其他 7 名特定投资者以不同价格进行定向增发,与其他样本发行情况不同,因此被作为无效样本进行了剔除。

表 4.1

非公开发行股票样本分布情况

Panel A:非公开发行股票年度统计

非公开发行股票年度	观察值	比例
2006	50	8.70%
2007	146	25.39%
2008	107	18.61%
2009	118	20.52%
2010	154	26.78%
合计	575	100%

Panel B:样本的行业分布

行业	观察值	比例
农林牧渔业	9	1.57%
采掘业	18	3.13%
制造业	314	54.61%
电力、煤气及水的生产和供应业	28	4.87%
建筑业	15	2.61%
交通运输、仓储业	26	4.52%
信息技术业	25	4.35%
批发和零售贸易	25	4.35%
银行保险证券期货业	18	3.13%
房地产业	70	12.17%
社会服务业	9	1.57%
传播与文化产业	4	0.70%
综合类	14	2.42%
合计	575	100%

Panel C:样本的区域分布

区域	观察值	比例
安徽省	29	5.04%
北京	50	8.70%
福建省	18	3.13%
甘肃省	7	1.22%
广东省	66	11.48%
广西壮族自治区	8	1.39%
贵州省	10	1.74%
海南省	6	0.91%
河北省	11	1.91%
河南省	15	2.61%
黑龙江省	3	0.52%
湖北省	21	3.65%
湖南省	15	2.61%
吉林省	14	2.43%
江苏省	43	7.48%
江西省	15	2.61%
辽宁省	13	2.26%
内蒙古自治区	8	1.39%
宁夏回族自治区	0	0.00%
青海省	5	0.87%
山东省	30	5.22%
山西省	12	2.09%
陕西省	12	2.09%
上海	38	6.61%
四川省	26	4.52%
天津	15	2.61%
西藏自治区	3	0.52%
新疆维吾尔自治区	20	3.48%
云南省	11	1.91%
浙江省	40	6.96%
重庆	11	1.91%
合计	575	100%

监会发布《上市公司证券发行管理办法》(证监会第30号令)后,国家重启上市公司再融资功能,对完成股权分置改革的上市公司优先安排再融资,并把非公开发行股票作为恢复上市公司再融资"三步走"中的第一步,由于非公开发行股票从董事会提出到股东大会通过,最后至证监会核准周期较长,致使2006年当年非公开发行股票成功的样本数较少。2007年非公开发行股票快速增长,2008年由于股市大幅下跌,低迷的股市行情使许多上市公司放弃已经股东大会或证监会通过的非公开发行股票方案。Panel B分行业的样本统计显示,制造业占非公开发行股票样本总数的一半以上,这主要是因为制造业上市公司数目较多,房地产业有70家进行了非公开发行股票,所占比例达到12.17%,这主要是由于前几年房地产投资过热,资金需求量旺盛所致。非公开发行股票在Panel C按省级区域划分的统计中分布也很不均衡,除北京外,东南部沿海各省市,如上海、江苏、浙江、广东、山东等非公开发行股票数较多,这可能表明东南部沿海经济发展较为发达,企业资金需求量较大。

3.2 研究变量定义

3.2.1 被解释变量

折价水平。我们参照Baek等(2006)的做法,用非公开发行股票议案公告日后第一个交易日的收盘价与非公开发行股票发行价格之差,再除以增发后第一个交易日的收盘价来确定,这里的公告日为上市公司公布《非公开发行股票发行情况暨上市公告书》的日期。

3.2.2 解释变量

财富转移。大股东通过非公开发行股票这种自交易行为转移财富变量被定义为大股东在上市公司非公开发行股票前持股比例与大股东所认购的非公开发行股票发行股份比例之差,其经济含义为在非公开发行股票折价发行情况下,假设增发产生1元过度折价的话(也就是非公开发行股票对象从上市公司原有股东转移财富1元),大股东以新股东身份获得β元,以原有股东身份损失α元,那么,大股东通过非公开发行股票直接获得的收益为$(\beta-\alpha)$元。同时,根据前述模型分析,我们知道非公开发行股票只有满足条件(4.6)式折价发行且大股东认购比例大于增发之前其在上市公司中所占的股权比例,和条件(4.7)式溢价发行且大股东认购比例小于增发之前其在上市公司中所占的股权比例时,大股东才能够从上市公司非公开发行股票中直接转移财富,但是,由于在我们的研究样本中上市公司的非公开发行股票价格一般都远远超过证监会规定的上市公司非公开发行股票价格底线,很少出现溢价发行情况,也没有出现满足模型条件(4.7)式的情况①,因此,我们只定义虚拟变量 Tunnel 为满足前述模型分析中条件(4.6)式的情况,来表示上市公司大股东对中小股东的利益侵占。需要说明的是,由于大股东及其关联方一般为“一致行动人”,因此,我们定义的大股东在上市公司非公开发行股票前持股比例是指大股东及其关联方在增发前的持股比例之和,大股东认购比例是指大股东及其关联方的认购比例之和。据此,我们对 Wind 数据库中原始资料按照上市公司公布的《非公开发行股票发行情况暨上市公告书》及相关公告进行了梳理、修正。

投资者保护程度。投资者保护包含两个层面:投资者的立法保护和执法保护。La Porta 等(1998)指出,一个较强的法律执行制度可以替代较弱的法律条款。另外,Pistor(2000)、Pistor 和 Xu(2005)也认为,对于经济转型国家而言,执法效率比法律条文的质量更加重要,有效的执法能够抵消立法缺陷造成的一些负面效果,尤其是在法制环境不甚完善的国家更是如此。在中国,虽然所有地区必须

① 证监会规定定向增发发行价格不低于定价基准日前 20 个交易日公司股票均价的90%,而“定价基准日”可以为本次非公开发行股票的董事会决议公告日、股东大会决议公告日或发行期的首日,而由于实际发行日与基准日之间间隔时间较长,在样本区间中国股市普遍上涨情况下(以上证综合指数为例,其由 2005 年年初的 1243 点,增长到 2007 年年末的5262点,增长了 323%),这条规定没有起到实质性作用,同时溢价发行的情况也很少。

执行全国范围内颁布的法律条款，但同一法律条款在各地区的执行力度和效果存在较大差异，各地区的法律环境不同，对投资者的保护程度也不尽相同。本章所述的投资者保护程度侧重于各地区执法程度。各地区对投资者保护程度来自《中国市场化指数——各地区市场化相对进程2009》(樊纲等，2011)，该报告从政府与市场的关系、非国有经济的发展、产品市场的发育、要素市场的发育、市场中介组织发育和法律制度环境五个方面评价了各地区市场化指数，该数值越大，表明该上市公司所处地区的市场化水平越高，排名越靠前，治理环境也越好。其中的第5个分项指标市场中介组织发育和法律制度环境更直接与我们的研究主题相关。市场化指数在国内外研究文献中已被广泛应用(夏立军和方铁强，2005；Fan等，2007；Wang等，2008；沈艺峰等，2009；Jian和Wong，2010)。

3.2.3 控制变量

Hertzel和Smith(1993)研究发现，信息不对称是影响上市公司非公开发行股票折价的重要因素，因此，为了避免遗漏重要控制变量对我们研究结果的影响，我们参照其研究方法来设计衡量非公开发行股票样本公司信息不对称的变量：*BM*表示公告前1交易日的账面价值与市场价值之比，该值越大，说明公司价值中所含无形资产构成的比例越小，衡量公司价值则相对越容易，信息不对称程度也就越低，因此要求的非公开发行股票折价也就越低；*Fraction*表示增发股票数量占增发后股票总数量的比例，该比例越大，说明未来投资机会相对于已有投资比例越大，这也就表明此时公司的不确定性较大，信息不对称程度较高，因此其要求的增发折价越高；*Proceeds*表示非公开发行股票所募集的资金，由于存在规模效应，发行规模越大，在单位募集资金上所花费的信息成本越低，因此我们预期该变量和折价程度呈反比。*Size*表示公司规模，规模越大，市场上关于该公司的信息越多，信息不对称的程度也就越低，非公开发行股票特定投资者在确定定向增发价格时所付出的信息成本较少，增发后所需要的监督成本也越低，因此，所要求的折价水平可能较低，Silber(1991)、Hertzel 和 Smith(1993)的研究结果也证实了这一点。表 4.2 列示了研究变量的简单释义。

表 4.2

主要变量定义

变量	符号	变 量 定 义
折价水平	*Discount*	非公开发行股票议案公告日后第一个交易日的收盘价与非公开发行股票价格之差，再除以公告日后第一交易日的收盘价
财富转移	*Tunnel*	大股东所认购的非公开发行股票股份比例减去大股东在上市公司非公开发行股票前原持股比例
投资保护水平	*IP*	采用三类替代变量：一是樊纲等(2011)公布的 2007 年中国各地区市场化进程相对指数(*IP_Market*)；二是樊纲等(2011)地区市场化指数中的分项指数"市场中介组织发育和法律制度环境"(*IP_Law*)；三是采用中位数的虚拟变量(分别定义为 *IP_Market_dum*, *IP_law_dum*)
增发规模	*Fraction*	非公开发行股票的股票数量与增发后股票总数量之比
账面市值比	*BM*	表示公告前 1 交易日的账面价值与市场价值之比
募集资金	*Proceeds*	非公开发行股票所募集的资金的自然对数
公司规模	*Size*	公告前 1 日的市场价值的自然对数值

4 实证分析

4.1 描述性统计

表 4.3 是研究样本的描述性统计，非公开发行股票的折价率平均达到了 12.980%(中值达到了 21.053%)，整体表现为较高折价程度，标准差为 50.979，表明非公开发行股票折价在研究样本中表现出较大的差异，随后会考察具体哪些因素有助于解释这些差异。同时，也可以看到，非公开发行股票溢价发行情况非常之少，这主要是由于非公开发行股票的对象除大股东外，更多的是机构投资者或

战略投资者，他们有更强的议价能力和专业分析能力，因此，他们会更加热衷于非公开发行股票的折价发行（因为此时的财富转移是从上市公司的原有股东流向新股东，他们是直接的获益者），而有较少的可能性参与非公开发行股票溢价发行（因为此时的财富转移是从新股东流向上市公司的原有股东）。

表 4.3

描述性统计分析

Variable	N	Mean	Median	Std Dev	Min	25%per	75%per	Max
Discount	575	12.980%	21.053%	50.979	−314.400%	0.709%	40.513%	89.258%
Tunnel	575	−1.291%	−17.960%	45.042	−81.400%	−38.210%	43.920%	89.810%
IP_Market	575	8.748	8.810	2.047	4.250	7.190	11.040	11.710
IP_Law	575	8.410	7.230	3.874	2.790	4.990	12.590	16.610
Proceeds	575	2.211	1.974	1.121	−0.562	1.393	2.924	5.978
Fraction	575	0.210	0.160	0.160	0.013	0.107	0.265	0.929
BM	575	0.164	0.152	0.171	−1.235	0.084	0.236	1.333
Size	575	21.674	21.545	1.467	14.108	20.831	22.342	28.115

为了进一步了解折价水平与大股东认购比例之间的关系，我们在表 4.4 中对大股东在增发方案中的不同认购比例下的折价率进行比较。表 4.4 Panel A 显示当大股东非公开发行股票前持股比例小于其购买增发比例（$\alpha \leqslant \beta$）时，折价率达到了 23.81%，要显著大于大股东非公开发行股票前持股比例与其购买增发比例（$\alpha > \beta$）的 6.27%。表 4.4 Panel B 显示当大股东认购全部非公开发行股票股份时，折价率最高，达到 25.79%，当大股东不参与认购非公开发行股票发行股份时，折价率最低，为 5.16%，并且两者的差异达到了 1%的显著性水平；而当大股东认购部分非公开发行股票时，折价率介于两者之间。以另一种方式定义的折价水平（Discount_1）反映了类似的情况。这些证据初步验证了前述假设，即折价水平与大股东增发之前持股比例与认购比例之差负相关。

表 4.4

非公开发行股票中大股东不同认购比例下的折价率比较

Panel A:按大股东在上市公司增发前持股比例(α)与大股东所认购的增发比例(β)分类

折价率	$\alpha>\beta$	$\alpha\leqslant\beta$	diff	t	P value
Discount	6.27%	23.81%	−17.54%	4.06	<0.001
*Discount*_1	2.27%	16.02%	−13.75%	2.86	<0.001

Panel B:按大股东所认购的非公开发行股票股份比例(β)进行分类①

折价率	$\beta=1$	$1>\beta>0$	$\beta=0$	diff_1	t	P value	diff_2	t	P value
Discount	25.79%	13.17%	5.16%	−12.62%	2.35	0.019 6	−20.63%	3.84	<0.001
*Discount*_1	16.29%	10.17%	0.80%	−6.21%	0.98	0.328 3	−15.49%	2.54	0.011 3

注:diff_1 是大股东在增发中部分认购与全部认购的比较,diff_2 是大股东在增发中不参与认购与全部认购的比较。

表 4.3 财富转移变量均值为−1.291%(中值为−17.960%),说明整体上大股东积极参与了非公开发行股票,但认购比例小于原持股比例。市场化指数均值为 8.748(中值为 8.81)、市场中介组织发育和法律制度环境均值为 8.410(中值为 7.230),这说明上述变量没有呈现严重的偏态,较好地服从正态分布,另外,各自的标准差也显示出较大的差异,表明研究样本有很好的代表性,不存在严重的选择偏差。

4.2 相关性分析

我们在表 4.5 中报告了变量之间的相互关系,其中左下为 Pearson 检验,右上为 Spearman 检验。根据自变量之间的 Spearman 相关系数,我们发现非公开发行股票折价程度与财富转移变量在 1%显著水平之下正相关,支持了研究假说 4.1。非公开发行股票折价程度与投资者保护水平的市场化指数、法律保护指数均在 5%水平上显著负相关,初步验证了我们的假说 4.2。折价程

① 这种分类方式意味着折价率与非公开发行股票对象的身份有关;当$\beta=1$时,意味着非公开发行股票对象只是控股股东或大股东等关联股东,当$\beta=0$时,意味着非公开发行股票对象只是机构投资者等非关联股东。

度与描述信息不对称的控制变量 *Fraction* 在 1%水平上显著正相关，与 *BM*, *Size* 在 1%水平上显著负相关，说明信息不对称越大，折价程度越高，与 Hertzel 和 Smith(1993)的研究一致。而市场化指数与法律保护指数高度相关，因此，为了避免多重共线性，我们在多变量回归分析中将市场化指数与法律保护指数置于不同的模型之中分别予以考察。表 4.5 左下方的 Pearson 检验与 Spearman 检验得到类似的结论，不再赘述。简而言之，单变量检验中主要变量的关系和我们的预期相符合，我们将在下面进行多变量检验。

表 4.5

变量之间的相关性分析

	Discount	*Tunnel*	*IP_Market*	*IP_Law*	*Proceeds*	*Fraction*	*BM*	*Size*
Discount	1	0.260***	−0.083**	−0.083**	0.066*	0.353***	−0.239***	−0.118***
Tunnel	0.195***	1	0.013	0.013	0.224***	0.353***	−0.061	0.051
IP_Market	−0.076**	0.016	1	0.978***	0.092**	−0.073*	0.054	0.117***
IP_Law	−0.066*	0.028	0.937***	1	0.100**	−0.070*	0.0553	0.121***
Proceeds	0.050	0.213***	0.121***	0.143***	1	0.361***	−0.067*	0.533***
Fraction	0.270***	0.326***	−0.052	−0.047	0.405***	1	−0.020 8	−0.219***
BM	−0.181***	−0.039	−0.003	−0.020	0.025	−0.075*	1	0.326***
Size	−0.095**	0.043	0.153***	0.145***	0.538***	−0.297***	0.296 1	1

注：***，**，*分别表示在 1%，5%和 10%水平下显著。

4.3 回归分析结果

表 4.6 提供了影响非公开发行股票折价的回归结果。我们发现非公开发行股票折价水平和大股东认购比例与非公开发行股票之前持股比例之差在 1%水平上显著正相关，这和我们的假说 4.1 相符，表明大股东在非公开发行股票过程中增持比例越大，折价水平越高。

投资者保护水平变量(市场中介组织发育和法律制度环境)与非公开发行股票折价水平在 10%水平上显著负相关，表明保持财富转移程度不变的条件下，投资者保护环境越强，非公开发行股票折价程度越低。为了更清楚看出投资者保护水平对非公开发行股票折价的边际影响，根据各地区的投资者保护程度，我们将排在中位数之前地区的上市公司的治理环境看作是投资者保护水平较好的

表 4.6

非公开发行股票折价影响因素的回归分析 1

模型	模型 1		模型 2		模型 3		模型 4		模型 5		模型 6	
因变量	*Discount*		*Discount*		*Discount*		*Discount*		*Discount*		*Discount*	
自变量	系数	*t* 值	系数	*t* 值	系数	*t* 值	系数	*t* 值	系数	*t* 值	系数	*t* 值
Intercept	21.250***	4.26	20.165***	4.43	−103.983**	−2.15	30.540***	3.34	17.280***	4.85	−109.024**	−2.26
Tunnel	0.223***	4.83	0.466***	4.29	0.328***	3.08	0.223***	4.81	0.356***	4.47	0.238***	3.02
IP_law	−0.949*	−1.76										
IP_Market							−1.974**	−1.94				
IP_Market_dum									−6.142	−1.40	−4.723	−1.12
Tunnel * *IP_Market_dum*									−0.204**	−2.08	−0.174*	−1.86
IP_Law_dum			−8.602*	−1.68	−6.547	−1.33						
Tunnel * *IP_Law_dum*			−0.297***	−2.48	−0.248**	−2.15						
Proceeds					−9.229***	−3.01					−9.073***	−2.96
Fraction					110.714***	5.68					110.934***	5.68
BM					−57.368***	−4.53					−58.932***	−4.66
Size					5.949***	2.52					6.075***	2.57
N	575		575		575		575		575		575	
F	12.97		10.52		12.71		13.31		9.7		11.42	
Adj-R Square	4.00%		4.74%		12.50%		4.11%		4.35%		3.64%	

注：***，**，* 分别表示在 1%，5%和 10%水平下显著。

地区，把其他地区的上市公司的治理环境看作是投资者保护环境较差的，设置虚拟变量进行回归。表 4.6 模型 2 表明不仅投资者保护水平在 10%水平显著负相关，更为重要的是，财富转移与投资者保护水平的交叉项乘积在 1%水平下显著负相关，说明良好的投资者保护环境抑制了大股东借助定向增发折价的财富转移程度，从而验证了研究假说 4.2。表 4.6 模型 4 是投资者保护水平采用市场化指数的回归结果，其也在 5%水平上显著负相关。模型 5 是按市场化程度设置虚拟变量的回归结果，我们依然发现财富转移与投资者保护水平的交叉项乘积在 5%水平下显著负相关，支持了我们的研究结论。

当在表 4.6 模型 3、模型 6 中引入影响信息不对称的控制变量时，原有的回归结果依然显著，支持了我们的研究假说，表明了我们研究结果的稳定性；同时，账面价值与市场价值比和非公开发行股票募集资金变量分别与非公开发行股票折价水平负相关，而增发股票数量、企业规模变量与增发折价水平显著正相关，这些都表明信息不对称程度越高，非公开发行股票折价越大，与已有研究(Hertzel 和 Smith，1993)一致。

4.4　稳健型检验

投资者保护水平是本章的重要解释变量，为了稳健性起见，我们采用如下多种方式进行检验。①采用樊纲等(2011)市场化指数、法律保护指数的排序作为解释变量，回归结果保持不变。②采用世界银行 2006 年 10 月 18 日发布的《政府治理、投资环境与和谐社会：中国 120 个城市竞争力的提高》(世界银行，2006)报告中的政府效率评价指标。政府效率评价指标主要包括企业对保护产权和合同权利的信心、对法庭的信心、企业每年与主要政府机构打交道的平均天数和私营中小企业获得银行贷款的程度等方面。我们分别定义 IP_city 为政府构建和谐社会的指标值，该值越大，说明投资

表 4.7

非公开发行股票折价影响因素的回归分析 2

模型	模型 7		模型 8		模型 9		模型 10		模型 11		模型 12	
因变量	*Discount*		*Discount*		*Discount*		*Discount*		*Discount*		*Discount*	
自变量	系数	*t* 值	系数	*t* 值	系数	*t* 值	系数	*t* 值	系数	*t* 值	系数	*t* 值
Intercept	14.733***	6.60	16.903***	5.93	−112.770**	−2.34	9.182***	2.80	16.833***	5.89	−112.775**	−2.34
Tunnel	0.224***	4.83	0.309***	4.96	0.209***	3.35	0.223***	4.82	0.310***	4.98	0.210***	3.36
IP_city	−6.791*	−1.83										
IP_city1							0.086*	1.61				
IP_city_dum			−7.481*	−1.80	−4.906	−1.21						
Tunnel * *IP_city_dum*			−0.190**	−2.04	−0.188**	−2.11						
IP_city1_dum									−7.326*	−1.76	−4.830	−1.19
Tunnel * *IP_city1_dum*									−0.192**	−2.07	−0.189**	−2.13
Proceeds					−9.251***	−3.02					−9.256***	−3.02
Fraction					111.408***	5.72					111.400***	5.72
BM					−59.651***	−4.72					−59.663***	−4.72
Size					6.237***	2.64					6.236***	2.64
N	575		575		575		575		575		575	
F	13.1		10.06		12.66		12.71		10.06		12.67	
Adj-R Square	4.05%		4.52%		12.45%		3.92%		4.52%		12.45%	

注：***，**，* 分别表示在 1%，5%和 10%水平下显著。

保护环境越好；IP_city_dum 为中值哑变量（高于中值的取 1，否则为 0）；IP_city1 为政府构建和谐社会的排名值，IP_city1_dum 为中值哑变量（低于排名中值的取 1，否则为 0）。表 4.7 是相应的回归结果，基本保持不变，说明了我们结果的稳定性。③美国资本市场、中国香港资本市场作为成熟的资本市场，相较于新兴的中国大陆资本市场，拥有更为完善的司法体系和监管机制，具有较强的投资者保护环境。因此，我们把样本公司按是否也在海外上市划分为两类进行回归检验，发现结果虽符号一致，但并不显著，可能是海外上市样本较少的原因所致（同时也在海外上市的样本数为 20 家，占比 4%左右）。

同时，我们还做了如下敏感性检验：①为了减少统计上的依赖性，剔除多次非公开发行股票的样本公司，结论没有实质性变化；②为了控制极端值可能带来的影响，本章也对用于该模型中的所有连续变量进行了 1%～99%的 winsorize 处理，结论保持不变。据此，我们有理由相信我们研究结果的稳定性。

5　本章研究小结

以 2006—2010 年成功进行非公开发行股票的上市公司为样本，本章研究了大股东控制下的上市公司非公开发行股票折价问题，得出主要结论：①大股东的机会主义行为是影响上市公司进行非公开发行股票的重要因素，并且发现，上市公司非公开发行股票的折价水平和大股东认购比例共同决定了大股东从上市公司转移财富的多寡；②良好的投资者保护环境能够降低非公开发行股票折价水平，从而抑制大股东借助非公开发行股票的财富转移行为。

本章的研究也提供了些许启示：对于投资者而言，尽管先前研究已经发现大股东会利用关联交易（高雷和宋顺林，2007，2008）、并购（李增泉等，2005）、资产重组（原红旗和杨静，2005；宁宇新和柯大钢，2006）等投资手段掏空上市公司，然而本章发现大股东会利用其控制权借助融资手段——非公开发行股票而直接转移上市公司财富，侵占中小股东利益；对于政策制定者而言，本研究的发现，使得如何确定非公开发行股票价格，如何认定参与非公开发行股票特定对象的资格，成为政府部门继续完善监管政策中重点考虑的问题。

基于研究结果，本章的研究意义在于，我国虽然已经在投资者保护的立法方面基本上构建起以《证券法》和《公司法》为核心的全国统一法律框架体系，形成了一定的宏观立法环境，但总体而言，我国仍属于投资保护执行情况较差的国家；相较于法律规则制度的完善，有效的法律落实显得更为重要，这正如 Bhattacharya 和 Daouk（2009）所言，一个得不到落实的良法还不如没有法律来得好，尤其是在投资保护环境不甚完善的国家或地区。同时，我们可以看到，当前中国经济和社会发展面临着区域间的不平衡、地区分割和地方保护严重的问题，体现于投资者法律保护执行存在较大差异，不同公司在投资者保护的实施上存在显著的差异，从而影响到公司的外部融资行为。具体至非公开发行股票，政府监管部门在制定和执行监管政策时（如审核非公开发行股票中上报的审核材料和对外信息披露资料），如何在提高发行效率、节省监管资源与改进发行透明度、保护中小股东利益间权衡，是否有必要采取"一刀切"的监管模式，也是对政府部门制定和执行监管政策的智慧考量。

当然，本章的研究结论并非表明我国上市公司不存在管理层机会主义等对上市公司非公开发行股票活动的影响，而是说明大股东在上市公司的控制权地位在很大程度上左右了我国上市公司非公开发行股票活动的性质，大股东的自交易行为动机影响到了非公开发行股票价格的确定。

第5章 股权融资方式选择与大股东自交易研究

1 问题的提出

公开发行和非公开发行股票是资本市场证券融资的两翼,从我国股票发行制度的发展历程来看,公开发行股票的方式一直占据主导地位,上市公司表现出强烈的股权再融资偏好。除了公开发行股票融资的低成本(黄少安和张岗,2001;吴江和阮彤,2004),还有的学者将这归因于上市公司的"圈钱"(李志文和宋衍蘅,2003)及财富转移动机(张祥建和徐晋,2005)。一时间,上市公司的公开发行在我国广受诟病。随着证券市场全流通时代的到来,非公开发行股票作为非公开发行的一种方式,登上历史舞台,并逐步成为我国上市公司股权再融资的主流。非公开发行股票之所以受到证券监管部门、上市公司和投资者的青睐,是因为它相较于其他再融资方式具有不可比拟的优势:它可以在不增加即期股市扩容压力,避免对二级市场冲击的前提下,使上市公司通过向大股东、机构投资者或战略投资者增发而募集充裕的资金;并且,当大股东通过非公开发行股票而将优质资产注入上市公司时,既有利于优质存量资产实现资本化,提升上市公司的盈利水平和资产回报率,还有利于减少期后的关联交易、增强上市公司的独立性。

然而,在对新兴资本市场的研究过程中,Baek 等(2006)、张鸣和郭思永(2009),以及本书第4章的研究依然发现非公开发行股票折价程度过高是公司控股大股东的一种自交易行为，但是，他们没有很好地解释非公开发行股票之后的长期业绩明显好于公开增发的现实。同时，我国非公开发行股票具有长期的股东财富效应（邓路等，2011；邹斌等，2011；章卫东和赵安琪，2012）也与国外学者对成熟市场研究的结果——长期业绩下滑的问题（Hertzel 等，2002）存在不一致。基于此，本章主要关注上市公司的非公开发行股票动机，也就是当上市公司面对公开增发和非公开发行股票多种融资方式时，会如何选择，以探求非公开发行制度安排对大股东经济行为的影响。

2 理论模型分析

2.1 理论分析

非公开发行股票的制度安排有别于公开增发的关键之处是非公开发行股票只针对于大股东、机构投资者等特定增发对象。换个角度来看，这限制了中小股东投资机会的利益选择，背离了证券法所追求的投资机会"公平"的原则，特别是在投资者保护环境较差、市场存在严重信息不对称、股权集中的中国，非公开发行股票更可能成为拥有信息优势的一方——上市公司控股大股东机会主义行为的一项工具。反观公开增发，中小投资者可以通过选择是否参与增发来保护自身权益，当投资者预期未来投资项目实际价值大于当前公开增发价格时，他们可以选择购买；反之，则会选择放弃。而非公开发行股票由于只面向拥有信息优势的特定对象，因此中小投资者丧失了这一"选择权"来维护自身的利益。当上市公司面对高质量的未来投资项目时，大股东为了占取这一项目所带来的更多未来收益，会主导上市公司采取非公开发行股票方式并增持股份。

2.2 模型构建

基于信息不对称理论，通过引入新项目未来投资回报，我们构筑模型对上市公司股权再融资方式选择进行理论推演。

假设 a 为公司现有资产的预期净现值，S 为公司现有资金，E 为股权再融资所募集的资金，I 为新投资项目所需资金（$I=S+E$），b 为新项目未来投资回报，w 为大股东持股比例（$0<w<1$）。若上市公司选择非公开发行股票，大股东认购比例为 β（$0\leqslant\beta\leqslant1$）。在信息完全对称情况下，上市公司公告为新项目进行股权再融资时，公司价值为：$V_0=a+b+S$。在信息不对称情况下，相较于外部公众投资者，大股东作为公司"内部人"，在新项目的未来投资回报上拥有信息优势。b 作为内部信息，只有大股东知晓其未来真实价值。V_{pri}、V_{pub} 分别代表公告不同发行方式的公司价值（其下标 pri、pub 分别代表非公开发行股票、公开增发；下同）；b_{pri}，b_{pub} 分别代表公告不同发行方式时投资者评估新项目的净现值。那么，在信息不对称情况下，公司公告不同融资方式的价值为：

$$V_{pub}=a+b_{pub}+S=V_0-b+b_{pub} \tag{5.1}$$

$$V_{pri}=a+b_{pri}+S=V_0-b+b_{pri} \tag{5.2}$$

如果公司选择非公开发行股票，且大股东认购新增股份为 β，由于大股东认购股份具有一定的锁定期，因此，会带来大股东资产的流动性损失（Silber, 1991），我们定义为 $L(\beta)$，其中 $L(\beta)$ 是 β 的增函数[①]。那么非公开发行股票后，大股东的收益为：

$$\begin{aligned}P_{pri}&=[(w\times V_{pri}+\beta\times E)\div(V_{pri}+E)]\times(V_{pri}+E)-\beta\times E-L(\beta)\\&=w\times(V_0-b+b_{pri})-L(\beta)\end{aligned} \tag{5.3}$$

① 需要说明的是，当 $\beta=0$ 时，$L(\beta)$ 并不会等于 0，因为其他定向增发对象的锁定期同样会降低公司股票的流动性，进而使整个公司股票价值下降，大股东因持有较大比例的股份而使自身价值受到影响。

如果公司选择公开增发，因为公开增发相较于非公开发行股票信息披露程度较高，新项目的专有信息容易被同业竞争者窥视，从而丧失竞争优势；同时，监管部门对公开增发实行更为严格的实质审核程序，新项目顺利通过或实施也比在非公开发行股票情况下更为困难。因此，为了反映这种新项目实施受损的可能性，我们假设，公开增发对于大股东而言，存在一个损失的预期 $T(b)=p(b)\times b$，这里 $p(b)$ 为大股东因项目无法实施，或由于同业竞争所带来的新项目的损失概率。而对于非公开发行股票则不存在这种问题。进一步，我们可以看出，b 越大，新项目越容易吸引同业竞争，由此造成的损失也就越大，因此，$T(b)$ 是 b 的一个增函数。

那么，公开增发后，大股东的收益为：

$$\begin{aligned} P_{\text{pub}} &= [w\times V_{\text{pub}} \div (V_{\text{pub}}+E)]\times (V_{\text{pub}}+E)-T(b) \\ &= w\times (V_0-b+b_{\text{pub}})-T(b) \end{aligned} \tag{5.4}$$

显然，企业外部融资时，大股东收益依赖于外部公众投资者对 b_{pri} 和 b_{pub} 的估计。现在我们可以证明存在如下一个分离均衡，即非公开发行股票传递一个高水平的 b 信号，公开增发传递一个低水平的 b 信号。

假设只有两种 b 水平，即高 b_{H} 和低 b_{L}，关于 b 的真实内部信息通过公告不同的股权再融资方式传递给了市场及外部投资者。证明如下：

情形1：假设非公开发行股票对应高 b_{H}，公开增发对应低 b_{L}，即市场希望仅高 b 的公司选择非公开发行股票，而低 b 的公司选择公开增发，即 $b_{\text{pri}}=b_{\text{H}}$，$b_{\text{pub}}=b_{\text{L}}$，根据(5.3)式、(5.4)式可知：

非公开发行股票后，大股东所获收益为：

$$P_{\text{pri}}(b_{\text{H}})=w\times (V_0-b_{\text{H}}+b_{\text{H}})-L(\beta)=w\times V_0-L(\beta) \tag{5.5}$$

公开增发后，大股东所获收益为：

$$P_{\text{pub}}(b_{\text{H}})=w\times (V_0-b_{\text{H}}+b_{\text{L}})-T(b_{\text{H}}) \tag{5.6}$$

此时，如果公司的再融资决策与市场预期一致，那么，非公开发行股票给大股东所带来的收益要大于公开增发，因为对于高 b_H 公司来说，选择非公开发行股票是最优选择。也就是有：

$$P_{pri}(b_H) > P_{pub}(b_H) \Rightarrow T(b_H) > L(\beta) - w \times (b_H - b_L) \tag{5.7}$$

同理，对于低 b_L 公司，非公开发行股票后，大股东收益为：

$$P_{pri}(b_L) = w \times (V_0 - b_L + b_H) - L(\beta) \tag{5.8}$$

而公开增发后，大股东收益为：

$$P_{pub}(b_L) = w \times V_0 - T(b_L) \tag{5.9}$$

此时，如果公司再融资政策与市场预期一致，那么公开增发给大股东所带来的收益将高于非公开发行股票。因为，对于低 b_L 公司来说，选择公开增发是最优选择。也就是有：

$$P_{pri}(b_L) < P_{pub}(b_L) \Rightarrow T(b_L) < L(\beta) - w \times (b_H - b_L) \tag{5.10}$$

比较(5.7)式、(5.10)式两式，一个分离均衡就出现了，即：

$$T(b_L) < L(\beta) - w \times (b_H - b_L) < T(b_H) \tag{5.11}$$

可见，如上分离均衡成立的条件为 $L(\beta) > w(b_H - b_L)$，也就是说，大股东进行非公开发行股票必须承担一定的成本，而正是这个成本使这个信号具有可信性。

情形 2：假设非公开发行股票对应低 b_L，公开增发对应高 b_H，即市场希望仅有低 b_L 的公司选择非公开发行股票，而高 b_H 的公司选择公开增发，即 $b_{pri} = b_L$，$b_{pub} = b_H$，由此可知，对于高投资前景公司来说：

非公开发行股票后，大股东所获收益为：

$$P_{pri}(b_H) = w \times (V_0 - b_H + b_L) - L(\beta) \tag{5.12}$$

公开增发后，大股东所获收益为：

$$P_{pub}(b_H)=w\times V_0-T(b_H) \tag{5.13}$$

此时，如果公司的再融资决策与市场预期一致，那么，公开增发给大股东所带来的收益要大于非公开发行股票(因为对于高 b_H 公司来说，选择公开增发是最优选择)，即存在：

$$P_{pub}(b_H)>P_{pri}(b_H)\Rightarrow T(b_H)<L(\beta)+w\times(b_H-b_L) \tag{5.14}$$

同理，对于低 b 的公司来说，存在：

非公开发行股票后，大股东的收益为：

$$P_{pri}(b_L)=w\times V_0-L(\beta) \tag{5.15}$$

公开增发后，大股东收益为：

$$P_{pub}(b_L)=w\times(V_0-b_L+b_H)-T(b_L) \tag{5.16}$$

此时，如果公司再融资政策与市场预期一致，那么非公开发行股票给大股东所带来的收益将高于公开增发，即有：

$$P_{pri}(b_L)>P_{pub}(b_L)\Rightarrow T(b_L)>L(\beta)+w\times(b_H-b_L) \tag{5.17}$$

比较(5.14)式、(5.17)式两式可得，即当且仅当：

$$T(b_H)<L(\beta)+w\times(b_H-b_L)<T(b_L) \tag{5.18}$$

由于有前面分析可以得出“$T(b)$ 是 b 的一个增函数”，所以上式显然不能成立。

进一步我们可以得到存在混同均衡的约束条件为①：

$$\begin{cases}T(b_L)<L(\beta)-w\times(\underline{b}-b_L)\\ L(\beta)-w\times(b_H-b_L)<T(b_H)\end{cases} \tag{5.19}$$

综上分析，我们可以得出当公司有好的投资项目时，大股东会通过非公开发行股票参与认购；反之，公司往往采用公开增发。当

① 其中，$\underline{b}$ 为市场对投资机会的混同信念，且 $b_L<\underline{b}<b_H$。同时，为节省篇幅，证明过程从略。

然,市场也会捕捉到这种信号,并且这个信号由于模仿成本较高而具有可信性。但从另一角度而言,由于大股东作为"内部人"拥有公司新项目前景的信息优势,并掌控着对融资时机和融资方式的选择,因此,当存在高投资前景项目时,为了独享或占有更大比例的这种未来收益,大股东往往会采用非公开发行股票的融资方式参与认购,从而剥夺或限制中小投资者投资机会的选择权。

3 研究设计

3.1 样本选取

本章前两节我们从理论上对上市公司股权再融资方式选择问题进行了分析,并得出相应的结论。下面将用中国市场数据对此进行实证检验。

本章的数据主要来自 Wind 资讯数据库,同时根据上市公司公布的相关公告补充收集了部分数据资料并进行了验证。由于非公开发行股票在股权分置改革之后才成为上市公司进行股权融资的一种方式,因此,我们选取 2005—2007 年进行的公开增发和非公开发行股票的上市公司作为研究样本[①]。事件日的选取我们以上市公司第一次公告融资方案——董事会预案公告日为基准,同时剔除掉事件日中上市公司有重大事件发生的样本 20 家[②],共取得有效研究样本 203 家:其中非公开发行股票样本数为 172 家,公开增发样本数为 31 家。同时,我们对非公开发行股票组中不同特定增发对象(以上市公司大股东是否参与认购作为基准分类)进一步划分了三

① 此部分数据于 2009 年收集于 Wind 数据库,之后 Wind 数据库对数据结构进行了调整,对股权再融资中董事会预案的披露时间这一项目在 2008 年之后没有再显示,Csmar 数据库也未对此数据进行披露。

② 这里的重大事件包括股权分置改革,年报、中报或季报的报表披露,分红预案及重大的资产重组等,因为这些重大事件都会显著影响到事件研究中公司的 *CAR* 值。

类：非公开发行股票A组为大股东参与100%认购(33家)，非公开发行股票B组为大股东参与部分认购(86家)，非公开发行股票C组为大股东未参与认购(53家)。

3.2 中国市场非公开发行股票和公开增发方式选择实证检验

我们采用“事件研究法”来研究非公开发行股票和公开增发融资方式选择问题，即考察非公开发行股票和公开增发公告前后证券市场的股价反应。市场反应 *CAR* 值通过采用标准的事件研究方法来计算董事会预案公告日的市场超额累积回报来衡量；我们以上证综合指数或深证成份指数分别作为上海、深圳交易所市场组合回报，用市场模型估计相对于事件日(－200，－21)的市场模型参数，然后分别计算非公开发行股票和公开增发所引起的市场反映的超额累积报酬率 *CAR* 值。

表5.1是在事件窗口(－15，＋15)交易日内我国上市公司非公开发行股票和公开增发方式每个交易日的平均超常收益率(*AAR*)和累积平均超常收益率(*CAR*)，以及它们的 *T* 值检验。表5.1的左边部分表示公开增发方式的结果，右边部分表示非公开发行股票方式的结果。表5.1的底部强调窗口为(0，＋1)和(－1，＋1)的 *CAR* 效应。

由表5.1可知，我国上市公司的公开增发公告效应为负，2个交易日和3个交易日的 *CAR* 值分别为－0.022和－0.009，并且(0，＋1)窗口中在1%统计水平上显著为负；而我国上市公司的非公开发行股票效应在1%水平上显著为正，2个交易日和3个交易日的 *CAR* 值分别为0.023和0.044。同时，本章研究还发现在窗口(0，＋1)上，非公开发行股票中的 *CAR* 为正的比例为59.30%，远高于公开增发中 *CAR* 为正的比例25.81%，窗口(－1，＋1)得到了类似的结论。这表明我国证券市场对非公开发行股票持积极反应，与我们的前述理论分析一致。

表 5.1

上市公司非公开发行股票和公开增发的公告效应

事件日	公开增发				非公开发行股票			
	AAR 公开	*ARR_T* 值	*CAR* (−15, *t*)	*CAR_T* 值	*AAR* 定向	*ARR_T* 值	*CAR* (−15, *t*)	*CAR_T* 值
−15	0.002	0.308	0.002	0.308	0.002	0.649	0.002	0.649
−14	−0.002	−0.389	−0.001	−0.105	−0.002	−0.340	0.000	0.019
−13	0.000	−0.053	−0.001	−0.127	0.043	1.066	0.043	1.053
−12	−0.002	−0.327	−0.003	−0.273	−0.001	−0.244	0.043	1.017
−11	−0.010	−1.436	−0.013	−1.311	−0.004	−1.290	0.038	0.908
−10	−0.002	−0.369	−0.015	−1.299	−0.002	−0.589	0.036	0.843
−9	0.001	0.173	−0.014	−0.931	0.000	−0.058	0.036	0.822
−8	0.006	0.917	−0.008	−0.518	−0.003	−0.635	0.033	0.750
−7	0.002	0.257	−0.006	−0.371	−0.002	−0.492	0.032	0.692
−6	−0.007	−1.044	−0.013	−0.724	0.002	0.460	0.034	0.712
−5	−0.004	−0.641	−0.017	−0.828	−0.001	−0.314	0.032	0.674
−4	−0.003	−0.385	−0.020	−0.941	0.007	1.487	0.039	0.783
−3	−0.008	−1.149	−0.029	−1.179	0.006	1.598	0.045	0.877
−2	0.017	2.217	−0.011	−0.456	0.006	1.966	0.052	0.979
−1	0.013	1.494	0.002	0.066	0.021	4.830	0.073	1.315
0	−0.013	−2.368	−0.012	−0.483	0.019	4.438	0.092	1.630
1	−0.009	−1.606	−0.021	−0.866	0.004	0.955	0.096	1.649
2	−0.008	−1.273	−0.029	−1.173	0.006	1.432	0.102	1.683
3	0.008	1.149	−0.021	−0.807	0.004	1.188	0.106	1.723
4	−0.008	−1.270	−0.029	−1.077	0.006	1.681	0.111	1.775
5	−0.013	−2.396	−0.042	−1.519	0.000	−0.165	0.111	1.749
6	−0.007	−1.352	−0.049	−1.650	0.028	1.358	0.139	1.997
7	−0.006	−1.005	−0.055	−1.767	0.002	0.557	0.141	1.968
8	−0.004	−0.800	−0.059	−1.735	−0.001	−0.375	0.139	1.906
9	0.004	0.691	−0.055	−1.541	−0.001	−0.385	0.138	1.854
10	−0.012	−2.179	−0.067	−1.805	−0.002	−0.591	0.136	1.794
11	−0.010	−1.728	−0.078	−1.925	−0.002	−0.427	0.135	1.733
12	−0.008	−1.706	−0.086	−2.044	−0.002	−0.426	0.133	1.678
13	−0.017	−3.602	−0.103	−2.468	−0.004	−1.353	0.129	1.587
14	−0.005	−0.954	−0.108	−2.493	−0.004	−1.325	0.124	1.502
15	−0.007	−1.651	−0.115	−2.526	−0.001	−0.221	0.124	1.466
	CAR	*T*	*CAR*>0		*CAR*	*T*	*CAR*>0	
(0, 1)	−0.022	−3.136	25.81%		0.023	3.301	59.30%	
(−1, 1)	−0.009	−0.800	29.03%		0.044	4.698	68.02%	

图 5.1 是我国上市公司选择非公开发行股票和公开增发方式在事件窗口(－15，＋180)的市场反映 *CAR* 值曲线图。我们发现，非公开发行股票方式的 *CAR* 值曲线在事件日之前的 15 个交易日内一直呈现逐渐上涨趋势，事件日当日涨幅更是平均高于市场收益 1.9%，随后波动明显，并在第 100 个交易日出现负值，但总的趋势是正的，要远高于市场平均回报。而公开增发的 *CAR* 值曲线公告效应显著为负，并且自事件日之后一直处于下跌状态，且远低于市场平均回报。为了透析图 5.1 非公开发行股票组的波动状况，我们进一步按大股东在非公开发行股票中认购比例不同进行分组描述(见图 5.2)，研究发现，大股东参与 100%认购的组 A 的 *CAR* 值均要高于其他各组，大股东参与部分认购的组 B 次之，而且无论是从短期还是长期来看，这两组均要远高于市场平均回报和其他组。而非公开发行股票认购组 C 虽然在短期内市场反应为正，但是长期业绩并不理想。

由此观之，大股东由于拥有上市公司新投资项目的内幕信息，当投资项目未来报酬率较高时，大股东利用对上市公司的控制权，通过选择参与非公开发行股票方式剥夺了小股东的投资机会选择权，稀释了少数股东在上市公司的权益，从而侵占了中小投资者利

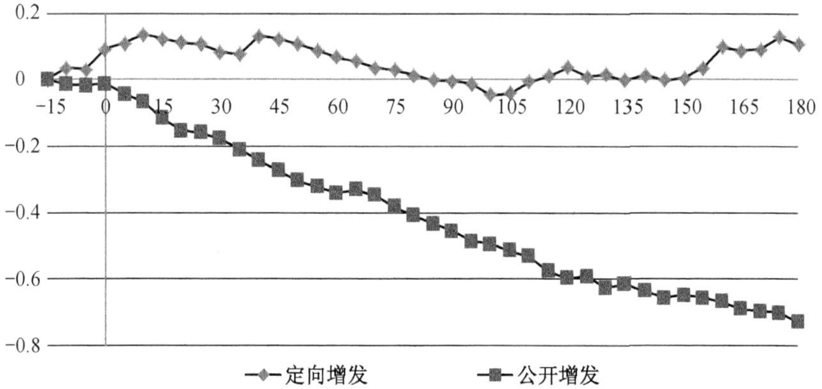

图 5.1　我国上市公司非公开发行股票(定向增发)和公开增发方式的市场反应 *CAR* 值

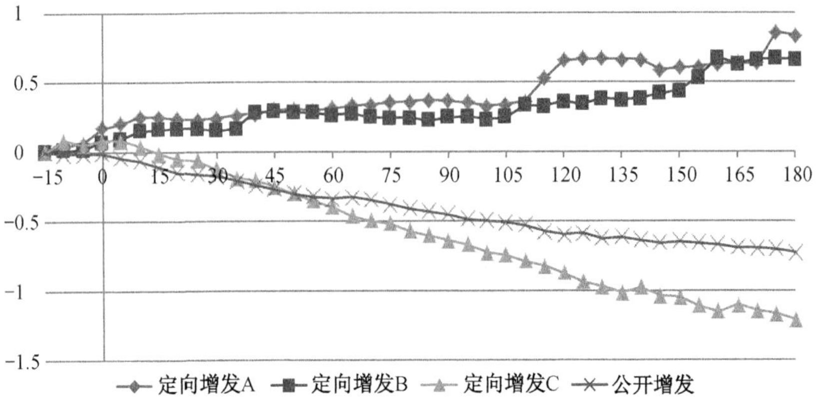

图 5.2　上市公司大股东不同认购比例下的融资方式市场反应 *CAR* 值

益。并且从图 5.1、图 5.2 中较长窗口还可以看出上市公司所投资项目的质量，大股东参与非公开发行股票的项目质量(组 A 和组 B)要明显优于大股东不参与股权融资的项目质量(非公开发行股票组 C 和公开增发)。以上实证检验的结果支持理论分析所得出的结论。

为了进一步验证结果的可靠性，我们做了如下稳健性检验：首先，考虑到上市公司选择非公开发行股票的原因可能是由于不符合公开增发的条件[①]，在样本选择中，剔除掉不符合公开增发的非公开发行股票研究样本，结论保持不变。其次，放宽事件日窗口至(—5，360)，(—5，540)，发现也并不影响结论。据此，有理由相信研究结果的稳健性。

4　本章研究小结

本章以非公开发行股票(定向增发)和公开增发的上市公司为

① 根据 2006 年《上市公司证券发行管理办法》(证监会第 30 号令)，公开增发的条件要高于定向增发。以盈利标准为例，公开增发要求最近 3 年连续盈利并强调最近 3 年加权平均净资产收益率平均不低于 6%；而定向增发对盈利标准没有具体要求。为排除这种政策性影响，我们以公开增发的盈利条件为标准，选取符合公开增发盈利条件的定向增发公司作为研究样本以增强稳健型。

样本，我们研究了大股东控制下的上市公司不同融资方式的选择，根据理论模型分析和经验研究，我们得出主要结论：①大股东会根据投资项目的未来收益状况选择不同的股权融资方式，当未来投资项目前景较好时，大股东会积极参与认购，当未来投资项目较差或不确定性较高时，大股东选择不参与认购非公开发行股票或公开增发。②公众投资者能够识别上市公司的融资选择行为，特别是大股东参与认购的非公开发行股票项目为好的投资项目，但是苦于不能参与一级市场认购，只能参与二级市场的购买。而由于在我国一级市场的折价较高，投资报酬率更高，使中小投资者受到了不公正的待遇。

本章的研究也给我们提供了些许启示：对于投资者而言，尽管已有研究已经发现大股东会利用关联交易、并购和资产剥离等手段对上市公司财富进行转移，然而本书还发现大股东会利用其控制权并借助融资手段，通过不同融资方式的选择来“剥夺”中小投资者投资机会的选择权，这种歧视性的金融交易手段使中小投资者蒙受了损失。本研究的发现，对旨在维护证券市场公平，提高资本市场效率的政策制定者的启发在于：如何认定参与非公开发行股票特定对象的资格，如何约束不同发行方式下大股东认购比例及其价格，应该成为政府部门继续完善监管政策中重点考虑的问题。对于关注资本市场的研究者的启发在于：本研究拓展了Myers和Majluf(1984)的融资次序理论，因为上市公司的融资方式选择不仅仅基于信息不对称，当大股东的机会主义行为动机与信息不对称下的“私有信息”相结合时，给中小投资者所带来的损害可能更大，这应当成为今后研究中重点考虑的一个方面。

第 6 章 大股东非公开发行股票参与程度与大股东自交易研究

1 问题的提出

在不完美的资本市场中，股权融资是企业重要的财务决策行为，而融资方式选择和发行定价则是股权融资的核心内容，因为其直接关系到企业融资成本的高低，进而影响到投资项目的选取及企业未来价值的增长(Espen 等，2007)。已有相关文献多集中于股权再融资方式的选择(Eckbo 和 Masulis，1992；Slovin 等，2000；Wu，2004；Cronqvist 和 Nilsson，2005；管征等，2008；郭思永等，2010；苏冬蔚和曾海舰，2011)，而对较为集中的股权结构之下的大股东"参与程度"的动因研究相对较少。本章在第 5 章研究基础之上，以上市公司非公开发行股票为研究对象，主要研究：在当前非公开发行的制度安排下，大股东是如何作出参与非公开发行股票决策的？这个决策是否包含着企业未来发展的信息？市场能否从大股东是否参与非公开发行股票及其认购比例行为中解读出企业发展的信息，从而作出不同的行为反应？大股东这种融资交易行为是否侵害了中小股东的利益？

股权分置改革之后，非公开发行股票已成为上市公司后续融资的重要手段。非公开发行股票区别于公开增发、配股等其他股权再融资方式的关键之处在于其只针对大股东、机构投资者等特定增发对象。对于大股东而言，作为公司“内部人”，其对上市公司的盈余质量和投资项目的未来回报了解得更为真切，且掌握着上市公司融资时机和融资方式选择的实际控制权。机构投资者拥有资金、技术、人才等方面优势，具有较强的信息收集途径和专业分析能力。而公众股东只能借助公司历史资料和公开信息分析，并且不能参与非公开发行股票一级市场认购，只能参与增发公司股票的二级市场购买。可见，不同身份的投资者或潜在投资者不仅面临的信息集迥异，而且拥有的投资选择权也不一致，从而会异化投资者的市场行为。

2 理论分析和研究假说

自股权分置改革以来，非公开发行股票一直是上市公司股权再融资的首选方案，究其原因，在于国家政策及其相关制度安排的激励。2005年4月股权分置改革试点之后，政府及其监管部门为了有利于股权分置改革的进行并避免产生新的历史遗留问题，暂停了资本市场融资功能；随着2006年5月证监会发布《上市公司证券发行管理办法》，监管部门重启了上市公司在资本市场上的再融资功能，对完成股权分置改革的上市公司优先安排再融资；同时为了最大限度地减轻市场对股市扩容的心理压力，避免市场对上市公司“圈钱”的担忧，政府监管部门把非公开发行股票作为恢复上市公司再融资“三步走”中的第一步，并对上市公司的非公开发行股票实行简易审核程序。并且，由于与公开增发、配股等公开股权再融资方式相比，非公开发行股票的发行门槛较低①，信息披露

① 根据证监会2006年第30号令《上市公司证券发行管理办法》，公开增发、配股的条件均高于定向增发。以盈利标准为例，公开增发要求最近3年连续盈利并强调最近3年加权平均净资产收益率不低于6%，配股要求“最近3个会计年度连续盈利”；而定向增发对盈利标准没有具体要求。

要求也较低[①],这在一定程度上更有利于企业保守商业秘密和节省信息披露成本,因此可以说,非公开发行股票作为一项制度性激励举措,是股权分置改革后上市公司进行再融资方式选择时的首选方案。

上市公司在将募集资金方式确定为非公开发行股票时,同时思考的问题是大股东应该认购多少股份,非公开发行股票价格应该如何确定?国外已有研究发现家族集团控制的上市公司在非公开发行股票过程中,通过集团内部相互认购、价格操纵手段实现了大股东自交易,使家族控股公司整体从中获利(Baek 等, 2006)。国内经验研究也发现大股东的认购比例与非公开发行股票折价水平正相关(何贤杰和朱红军, 2009; 张鸣和郭思永, 2009),即非公开发行股票折价越高,大股东通过认购增发股份所获得的收益超过了其增发前在上市公司的原有收益,从而实现了大股东自交易;同时,还有研究指出大股东在非公开发行股票中通过注入劣质实物资产实现了利益输送(尹筑嘉等, 2010; 颜淑姬, 2012)。但是,非公开发行股票区别于公开增发与配股融资的重要一点,在于认购股份之后的锁定期。依据 2006 年证监会发布的《上市公司证券发行管理办法》(证监会第 30 号令),上市公司非公开发行股票"自发行结束之日起,十二个月内不得转让;控股股东、实际控制人及其控制的企业认购的股份,三十六个月内不得转让"。锁定期不仅有效缓解了增发股份即时流入市场所带来的股市扩容压力,而且 3 年时间足以检验注入资产的质量及上市公司用募集资金所投资项目的质量,这在一定程度上避免了利用内幕消息的短期套利行为和机会主义行为,稳定了市场价格预期。更为重要的是,这也意味着,由于大股东认购股份在 3 年内不能自由流通转让,因此大股东在非公开发行股票中

---

① 根据 2006 年《上市公司证券发行管理办法》(证监会第 30 号令)、《上市公司非公开发行股票实施细则》(证监发行字〔2007〕302 号)、《公开发行证券的公司信息披露内容与格式准则第 25 号——上市公司非公开发行股票预案和发行情况报告书》(证监发行字〔2007〕303 号),定向增发所要求上报的审核材料和对外信息披露资料均要少于公开发行。

通过注入劣质资产等进行财富转移行为所导致的成本最终要由大股东自身来承担；并且这也难以解释中国上市公司非公开发行股票新股有正的长期股东财富效应的实证结果（章卫东和赵安琪，2012）。并且，随着我国会计准则的国际趋同、企业内部控制基本规范的实施以及证券监管制度进一步的完善，虽然我国在会计与财务信息披露方面依然落后于成熟资本市场国家，但投资保护环境一直在持续改善（Piotroski 和 Wong，2011），中小投资者法律保护正经历一个从弱到强，逐步健全的历史实践过程（沈艺峰等，2004）。并且已有研究也发现证券监管部门能够识别上市公司在股权再融资中的盈余操纵行为（Chen 和 Yuan，2004），证券管制机构在各地区间分配融资资源时，会考虑各地区上市公司发生丑闻的频率和严重程度（陈冬华等，2008），这均有效地抑制了大股东在上市公司融资活动中直接的机会主义行为。这也与 Johnson 等（2000a）研究一致，在经济稳定时期，大股东存在建立声誉的动机来善待中小股东。因此，我们认为，虽然大股东在非公开发行股票中存在大股东自交易的动机，但这并不足以证明其认购非公开发行股票股份就是为了大股东自交易，或者说，对大股东在非公开发行股票中进行大股东自交易的方式，需要进一步的重新思考。

我国上市公司的股权集中度较高，控股大股东在享有决策控制权（Fama 和 Jensen，1983）的同时，通过对上市公司的人事委派或者高管兼任等途径实现了对上市公司的决策管理权。当大股东集两权于一身时，首先，作为上市公司“内部人”，拥有绝对的信息优势。这表现在：①对上市公司未来投资项目的风险和盈利能力，大股东掌握的信息远比小股东充分，他们更了解这些投资项目的持续盈利能力和增长潜力。②对企业当前经营绩效和经济实力拥有信息优势。虽然上市公司通过财务报表等定期公告和临时性公告向公众投资者披露企业经营状况，但是由于上市公司存在盈余管理，会计方法和会计估计的选择往往导致会计数字的不同。已有研究也发现中国上市公司在非公开发行新股前1年存在依增发对象和增发类型而采取不同盈余管理的行为(章卫东，2010)。可见，在我国上市公司信息披露尚不完善的情况下，大股东对公司利润背后代表的盈余质量有更深刻的“理解”。其次，大股东由于控制而掌控着融资时机和融资方式的选择权。当上市公司面对高质量的未来投资项目时，企业未来成长机会较大时，大股东为了占取这一项目所带来的更多未来收益，会主导上市公司采取非公开发行股票方式并增持股份；反之，若放弃认购，股权比例的下降会导致收益权受到损害。基于此，我们认为大股东参与非公开发行股票决策时会考虑企业未来成长因素，提出本书的研究假说6.1。

假说6.1：上市公司未来成长能力越强，大股东认购非公开发行股票的比例越高。

非公开发行股票由于只针对于大股东、机构投资者等特定增发对象，虽然这在一定程度上可以在不增加即期股市扩容压力，避免融资对次级市场冲击的前提下，使上市公司募集充裕的发展资金，但是，这也限制了公众股东初级市场投资机会的利益选择权，市场传递的信息往往是当公司有好的投资项目时，大股东会通过非公开发行股票参与认购；反之，大股东不会参与认购；并且这个信号由于模仿成本较高(大股东参与认购非公开发行股票股份的锁定期为36个月)而具有可信性。因此，上市公司在披露相关公告时，大股东会作出参与认购非公开发行股票的比例及价格承诺，公众股东虽然对大股东决策过程无法知晓，但可以根据大股东认购比例的高低来推断公司的价值，只是苦于不能参与初级市场认购，只能参与次级市场的购买。而由于在我国初级市场的折价较高，投资报酬率更高，这在一定程度上也使中小投资者受到了不公正的待遇，背离了证券法所追求的投资机会“公平”的原则。据此提出本书的假说6.2。

假说6.2：大股东参与非公开发行股票的比例越高，市场反应越积极。

3　研究设计

3.1　样本选取

本书非公开发行股票数据资料主要来自上海万得信息技术股份有限公司提供的Wind资讯数据库，终极控制人和财务指标等资料来自深圳国泰安信息技术有限公司研发的CSMAR®研究数据库，同时根据上市公司公布的《非公开发行股票发行情况暨上市公告书》(以下简称“公告书”)等相关公告补充收集了部分数据资料。由于非公开发行股票始于股权分置改革之后，规范于2006年《上市公司证券发行管理办法》，因此，我们选取2006—2010年所有已经完成非公开发行股票的上市公司作为研究对象，研究样本的进一步筛选标准是：①考虑到金融类公司资本结构、业务经营和会计处理的特殊性，剔除了金融类上市公司；②剔除了被证监会特别处理的样本公司；③为了减少统计上的依赖性和对市场反应计量的影响，剔除多次非公开发行股票的样本公司；④由于通过借壳上市非公开发行股票，相当于原公司退市后成立一个新公司上市，因此剔除此类借壳上市的样本公司。这样，一共取得346个有效研究样本。

3.2　研究方法

3.2.1　假说6.1的研究设计

我们引入模型(6.1)检验上市公司的未来成长能力对大股东认购非公开发行股票股份的影响。被解释变量大股东认购比例(*Buyratio*)代表在非公开发行股票过程中，大股东对上市公司过去的盈余质量及未来投资项目前景的行为反应，我们分别采用绝对和相对认购比例进行度量。绝对比例(*Buyratio_1*)是大股东对上市公司非公开发行股票发行股份的认购比例。需要说明的是，由于大股东及其关联方一般为“一致行动人”，因此我们定义的大股东认购比例是指大股东及其关联方的认购比例，据此我们对 Wind 数据库中数据按照上市公司发布的公告书进行了修正。相对比例（*Buyratio_2*）作为虚拟变量，表明当大股东认购比例超过发行股份的 25%，定义为 1；否则为 0。之所以以 25%为阈值，在于我国上市公司股权较为集中，当大股东认购比例超过 25%时，一般可以确保控制权不会发生转移，对上市公司决策可以产生重大影响。当然，在稳健性检验中，我们也以大股东是否参与认购（*Buyratio_3*）和认购比例是否超过 50%（*Buyratio_4*）作为设置虚拟变量的分界值。上市公司非公开发行股票前 1 年的 *Tobins'q* 代表企业未来成长性，成长性越高，大股东参与认购非公开发行股票股份的动机越强，因此预测 α_1 符号为正。在控制变量中，发行折价（*Discount*）我们参考 Barclay 等（2007）的做法，用非公开发行股票议案公告日前 1 交易日的收盘价与非公开发行股票价格之差，再除以公告日前 1 交易日的收盘价来确定，已有研究发现，大股东认购比例越高，上市公司非公开发行股票折价程度越大（何贤杰和朱红军，2009），因此，我们预测 α_2 符号为正。由于中国股市在研究区间波动明显，因此，我们通过年度哑变量控制宏观经济影响。其余研究变量定义参见表 6.1。

$$\begin{aligned} Buyratio = {} & \alpha_0 + \alpha_1 \cdot Tobins'q + \alpha_2 \cdot Discount + \alpha_3 \cdot SOE \\ & + \alpha_4 \cdot Size + \alpha_5 \cdot Lev + \alpha_m \cdot Ind + \alpha_n \cdot Year + \varepsilon \end{aligned} \tag{6.1}$$

表 6.1

研究变量定义

变量	符号	变量定义
大股东认购比例（Buyratio）	*Buyratio_1*	大股东认购非公开发行股票股份的比例
	Buyratio_2	虚拟变量，当大股东认购非公开发行股票比例大于 25%时，定义为 1；否则为 0
	Buyratio_3	虚拟变量，当大股东参与认购非公开发行股票股份时，定义为 1；否则为 0
	Buyratio_4	虚拟变量，当大股东认购非公开发行股票比例大于 50%时，定义为 1；否则为 0

(续表)

变量	符号	变量定义
成长能力	*Tobins'q*	上1年年末市场价值除以上1年期末总资产
发行折价	*Discount*	非公开发行股票议案公告日前1交易日的收盘价与非公开发行股票价格之差，再除以公告日前1交易日的收盘价
盈利能力	*ROE*	上1年年末净资产收益率
产权性质	*SOE*	虚拟变量，当最终控制人为国有性质时，定义为1；否则为0
公司规模	*Size*	上1年年末总资产的自然对数
财务杠杆	*Lev*	上1年年末总负债除以总资产
行业	*Ind*	行业哑变量，用来控制行业因素的影响。按证监会的分类标准划分
年度	*Year*	年度哑变量，用来控制宏观经济的影响

3.2.2 假说6.2的研究设计

我们以上市公司发布公告书的当天作为事件日检验资本市场对非公开发行股票中大股东参与程度的市场反应。以公告书作为事件日，主要原因在于中国上市公司的非公开发行股票持续时间较长，董事会公布的非公开发行股票预案仅公布了增发意向，信息含量相对较少。并且董事会预案需经股东大会通过，证券监管部门核准，有些条款会进行修改。而公告书包括了有关非公开发行股票的详细信息，如增发价格、募集资金用途、大股东或特定对象认购比例等，以公告书发布当天作为事件日，可以更全面考察市场对增发有何反应。市场反应(*CAR*)，采用标准的事件研究方法来计算非公开发行股票公告日的累积市场超额回报来衡量；我们以上证综合指数或深证成份指数来分别作为上海、深圳交易所市场组合回报，用市场模型估计相对于事件日(−220, −21)的市场模型参数，然后分别计算非公开发行股票所引起的市场反应的累积超额报酬率*CAR*(−1, 1)。

我们还引入多元回归模型(6.2)来检验次级市场对上市公司非公开发行股票及其大股东认购比例的市场反应影响，根据研究假说6.2，我们预期α_1的符号为正，也就是认购比例越高，市场正向反应越强。其余控制变量见表 6.1。已有研究发现，上市公司通过非公开发行股票折价进行了财富转移(张鸣和郭思永，2009)，因此，我们预期折价越大，财富转移的程度越强，市场反应越差，故而非公开发行股票折价变量的符号 α_2 为负。由于公众股东会根据公司的历史业绩进行投资分析，因此，我们也对公司的盈利能力(*ROE*)进行控制。同时，公司产权性质(*SOE*)，也可能会影响到企业的公告效应，并且 King(1966)研究发现行业因素可以解释约 10%的股票报酬差异，因此，除了年度哑变量，我们还对上述变量进行了控制。

$$CAR = \alpha_0 + \alpha_1 \cdot Buyratio + \alpha_2 \cdot Discount + \alpha_3 \cdot ROE + \alpha_4 \cdot SOE + \alpha_5 \cdot Size + \alpha_6 \cdot Lev + \alpha_m \cdot Ind + \alpha_n \cdot Year + \varepsilon \quad (6.2)$$

4 实证结果

4.1 描述性统计分析

表 6.2 是主要变量的描述性统计。市场反应 *CAR*(−1, 1)的均值为 0.959%，整体表现为正向市场反应，标准差为 6.297，表明市场反应在我们的研究样本中表现出较大差异，随后我们会考察具体哪些因素有助于解释这些差异。非公开发行股票中大股东购买比例(*Buyratio_1*)均值为 35.332%，最小(大)购买比例为 0(100%)，表明大股东全部认购、不参与认购和部分参与认购增发股份三种情况在我们样本中都存在，较好反映了当前上市公司非公开发行股票的现实状况。虚拟变量大股东购买比例(*Buyratio_2*)均值为 0.425，说明样本中有 40%以上的公司大股东认购比例超过 25%，大股东表现出较大的认购积极性。*Tobins'q* 的均值为 1.862，说明样本公司表现为较高的成长性。发行折价(*Discount*)的均值(中值)为 5.091%(17.822%)，标准差为 54.629，说明折价幅度较大，且差异明显。

表 6.2

主要变量的描述性统计

Variable	N	Mean	Median	Std Dev	Min	25% per	75% per	Max
CAR	346	0.959	0.139	6.297	−17.444	−2.832	3.981	41.551
Buyratio_1	346	35.332	10.179%	42.124%	0	0	99.26%	100%
Buyratio_2	346	0.425	0	0.495	0	0	1	1
Buyratio_3	346	0.558	1	0.497	0	0	1	1
Buyratio_4	346	0.309	0	0.463	0	0	1	1
Tobins'q	346	1.862	1.393	1.518	0.549	1.122	1.934	16.006
Discount	346	5.091	17.822	54.629	−82.990	−7.152	33.985	83.164
ROE	346	0.113	0.104	0.113	−0.997	0.064	0.163	0.629
SOE	346	0.633	1	0.483	0	0	1	1
Size	346	21.684	21.539	1.151	18.266	20.918	22.287	25.991
Lev	346	0.494	0.494	0.168	0.069	0.371	0.624	0.884

4.2 相关性检验

表 6.3 给出了模型各主要变量之间的 Pearson 系数。我们发现，市场反应 *CAR*(−1, 1)与描述大股东参与非公开发行股票程度的变量，无论是绝对指标(*Buyratio_1*)，还是虚拟变量指标(*Buyratio_2*, *Buyratio_3*)均在 10%水平上显著正相关，初步验证了假说 6.2。衡量大股东认购增发股份比例的 4 个变量相关系数两两均超过 0.5 且在 1%水平上显著，高度正相关，因此，为了避免多重共线性，在多变量回归分析中将它们置于不同的模型之中分别予以考察。*Tobins'q* 虽与描述大股东参与程度的 3 个变量正相关，但统计上并不显著，随后我们将在多变量回归中进一步分析。折价程度(*Discount*)与大股东认购增发股份比例(*Buyratio_1*, *Buyratio_2*, *Buyratio_4*)在 10%水平上显著正相关，与 *CAR* 值在 5%水平上显著负相关，这与已有研究一致(张鸣和郭思永，2009)，大股东认购比例越高，上市公司非公开发行股票折价程度越大，市场会呈负面反应。简言之，单变量检验中主要变量的关系和我们的预期相符合，也与已有研究一致，我们将在下面进行多元回归检验。

表 6.3

主要变量的相关性分析

	CAR	*Buyratio_1*	*Buyratio_2*	*Buyratio_3*	*Buyratio_4*	*Tobins'q*
CAR	1					
Buyratio_1	0.117*	1				
Buyratio_2	0.124*	0.891***	1			
Buyratio_3	0.130*	0.748***	0.765***	1		
Buyratio_4	0.085	0.947***	0.779***	0.596***	1	
Tobins'q	0.042	0.027	0.028	−0.041	0.047	1
Discount	−0.160**	0.107*	0.111*	0.085	0.108*	0.128*

注：***，** 和 * 分别表示 1%，5%和 10%的显著性水平。

4.3 大股东参与非公开发行股票的决策分析

首先，我们对模型进行异方差 White 检验，若存在异方差，则采用 GLS 方法进行回归，以控制异方差对研究结论可能造成的影响；否则，直接采用 OLS 方法。对二值响应变量模型，我们直接采用 MLE 下的稳健标准误 Logistic 回归。表 6.4 列示了大股东参与非公开发行股票的决策回归结果。表 6.4 模型(1)是以大股东绝对认购比例(*Buyratio_1*)为被解释变量的结果，发现 *Tobins'q* 在 5%水平上显著为正，说明公司成长性越好，大股东认购比例越高，支持了研究假说 6.1；其经济意义在于 *Tonins'q* 增长 1，大股东认购比例将增加 3.4%左右，边际影响显著。表 6.4 模型(3)是虚拟变量的逻辑回归结果，我们发现当以大股东认购比例 25%为依据划分高、低认购组时，*Tobins'q* 在 5%水平上显著为正，说明公司的成长潜力影响到大股东的认购比例。表 6.4 模型(2)和模型(4)是增加控制变量之后的结果，发现 *Tobins'q* 依然在 5%水平上显著为正，与的研究假说 6.1 一致。同时，模型(4)中非公开发行股票折价程度在 10%水平上显著为正，说明折价程度与大股东认购比例显著正相关，与已有研究一致。SOE 在 1%水平上显著为正，表明国有性质的上市公司，其大股东认购非公开发行股票股份的比例更高。

表 6.4

大股东参与非公开发行股票决策的回归分析

	(1)	(2)	(3)	(4)
	Buyratio_1(GLS)	*Buyratio_1*(GLS)	*Buyratio_2*(MLE)	*Buyratio_2*(MLE)
Intercept	−104.931**	−31.670	−13.987***	−10.711***
	(−2.11)	(−0.64)	(−3.91)	(−2.90)
Tobins'q	3.373**	3.199**	0.245**	0.199**
	(2.41)	(2.18)	(2.57)	(2.23)
Discount		0.075		0.007*
		(1.53)		(1.69)
SOE		16.117**		1.342***
		(2.40)		(4.41)
Size	4.251*	0.607	0.535***	0.360**
	(1.91)	(0.26)	(3.26)	(2.07)
Lev	57.098***	63.085***	2.059**	1.955**
	(3.14)	(3.33)	(2.32)	(2.17)
Ind	控制	控制	控制	控制
Year	控制	控制	控制	控制
N	346	346	346	346
adj. R2	0.073	0.074		
pseudo R2			0.156	0.214

注：***，** 和 * 分别表示 1%，5%和 10%的显著性水平，参数估计值下方括号内为 *T* 值。

4.4　市场对大股东参与非公开发行股票行为的反应

图 6.1 是上市公司非公开发行股票期间的市场反应。可以看出，在非公开发行股票公告日，大股东 100%认购组的超额市场回报平均达到 3.29%，大股东部分参与认购组和不参与认购组的市场反应也都显著为正，而且，大股东认购比例越高，市场反应越好，初步验证了研究假说 6.2，说明市场对大股东参与非公开发行股票的行为有很好的预期，能够解读出大股东认购增发股份的信息含量。但事件日之后，市场反应有逐步下滑的趋势，但大股东 100%认购组和

大股东部分参与认购组依然要远高于大股东不参与认购组的市场反应。

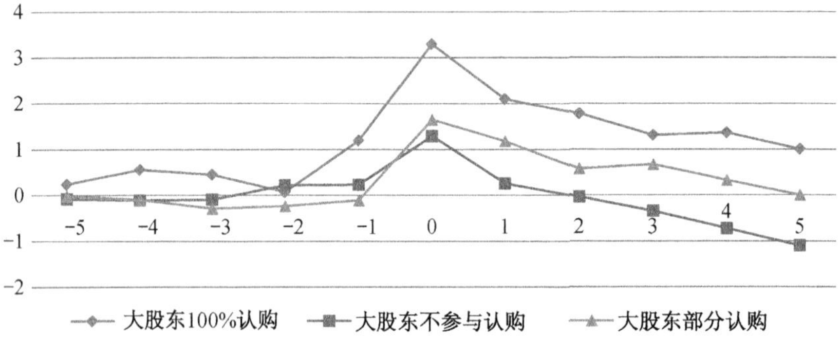

图 6.1 非公开发行股票期间的市场反应

非公开发行股票期间的市场反应 *CAR* 与大股东认购比例的回归分析参见表 6.5。研究发现，表 6.5 模型(1)中大股东认购比例在 10%水平上显著为正，说明大股东认购比例越高，市场正向反应越好，验证了研究假说 6.2。当在表 6.5 模型(2)中进一步增加相关控制变量时，主要解释变量依然在 1%水平上与市场反应正相关；发行折价率在 1%水平上显著为负，表明折价率越高，市场反应越差，非公开发行股票折价可能是大股东借助非公开发行股票折价从上市公司转移财富的一种手段，市场会对此表现出负面反应，与已有国内研究一致。表 6.5 模型(3)、模型(4)分别是以大股东参与认购比例划分高、低认购组的回归分析，可以看出，高认购组分别在 10%，1%水平上显著为正，表明高认购下市场反应更好，支持了研究假说 6.2。同时，这也意味着公众股东能够解读大股东认购比例的信息含量，只是苦于不能参与非公开发行股票初级市场认购，只能通过次级市场购买。

表 6.5
非公开发行股票期间的市场反应 *CAR*(−1，1)回归分析

	(1)	(2)	(3)	(4)
	CAR(OLS)	*CAR*(GLS)	*CAR*(OLS)	*CAR*(GLS)
Intercept	1.016	2.834	0.934	3.008
	(0.53)	(0.29)	(0.49)	(0.31)
Buyratio_1	0.014 *	0.039 ***		
	(1.71)	(3.75)		
Buyratio_2			1.337 *	2.823 ***
			(1.88)	(3.13)
Discount		−0.040 ***		−0.040 ***
		(−6.81)		(−6.82)
ROE		−4.042		−3.462
		(−1.04)		(−0.91)
SOE		2.841 ***		2.731 ***
		(3.04)		(2.82)
Size		−0.294		−0.282
		(−0.60)		(−0.59)
Lev		−3.153		−3.452
		(−1.08)		(−1.18)
Ind	控制	控制	控制	控制
Year	控制	控制	控制	控制
N	346	346	346	346
adj. R2	0.043	0.205	0.044	0.193

注：***，** 和 * 分别表示 1%，5%和 10%的显著性水平，参数估计值下方括号内为 *T* 值。

4.5　敏感性分析

为了稳健起见，我们采用如下多种方式进行敏感分析。为了更好地验证假说 6.1，本章采用另外两种定义大股东在非公开发行股票中认购比例的虚拟变量(*Buyratio_3*，*Buyratio_4*)，参见表 6.6，发现当以 50%阈值划分高低认购组时，模型(3)和模型(4)中的解释变量 *Tobins'q* 依然分别在 5%下正相关，支持了研究假说6.1。当以大股东是否认购划分时，模型(1)和模型(2)成长性指标与预期符号相符，但并不显著。表 6.7 是对非公开发行股票期间的市场反应

CAR 的稳健性分析，发现模型（1）和模型（2）中，大股东认购比例的虚拟变量（*Buyratio_3*）分别在 10%和 1%水平上显著正相关，说明大股东认购比例越高，市场反应越好，与研究假说 6.2 一致。大股东认购比例的虚拟变量（*Buyratio_4*）表现出类似的结果。同时，为了更好地验证假说 6.2，本章采用 *CAR*（−1，5）作为被解释变量进行分析，发现基本结果均保持不变。

表 6.6

大股东参与非公开发行股票决策的稳健分析

	(1)	(2)	(3)	(4)
	Buyratio_3(MLE)	*Buyratio_3*(MLE)	*Buyratio_4*(MLE)	*Buyratio_4*(MLE)
Intercept	−13.381***	−10.517***	−10.134***	−7.999**
	(−3.78)	(−2.93)	(−3.13)	(−2.35)
Tobins'q	0.094	0.039	0.231**	0.188**
	(0.85)	(0.41)	(2.50)	(2.14)
Discount		0.006*		0.006
		(1.68)		(1.40)
SOE		0.943***		0.835**
		(3.42)		(2.53)
Size	0.559***	0.418**	0.315**	0.208
	(3.37)	(2.43)	(2.12)	(1.29)
Lev	1.279	1.019	2.681***	2.582**
	(1.49)	(1.15)	(2.68)	(2.57)
Ind	控制	控制	控制	控制
Year	控制	控制	控制	控制
N	346	346	346	346
pseudo R2	0.151	0.187	0.117	0.146

注：***，** 和 * 分别表示 1%，5%和 10%的显著性水平，参数估计值下方括号内为 *T* 值。

表 6.7

非公开发行股票期间的市场反应 *CAR*(−1，1)稳健分析

	(1)	(2)	(3)	(4)
	CAR(OLS)	*CAR*(GLS)	*CAR*(OLS)	*CAR*(GLS)
Intercept	0.898	4.641	1.167	2.243
	(0.47)	(0.45)	(0.61)	(0.22)

(续表)

	(1) *CAR*(OLS)	(2) *CAR*(GLS)	(3) *CAR*(OLS)	(4) *CAR*(GLS)
Buyratio_3	1.177*	3.230***		
	(1.66)	(3.49)		
Buyratio_4			0.929	3.038***
			(1.24)	(3.24)
Discount		−0.050***		−0.045***
		(−8.93)		(−7.71)
ROE		−2.109		−3.416
		(−0.52)		(−0.84)
SOE		2.987***		3.448***
		(3.11)		(3.65)
Size		−0.428		−0.281
		(−0.84)		(−0.56)
Lev		−2.393		−3.628
		(−0.81)		(−1.21)
Ind	控制	控制	控制	控制
Year	控制	控制	控制	控制
N	346	346	346	346
adj. R2	0.042	0.268	0.039	0.233

注：***，** 和 * 分别表示 1%，5%和 10%的显著性水平，参数估计值下方括号内为 *T* 值。

5 本章研究小结

本章实证探究了大股东参与非公开发行股票的动因及市场影响。研究发现：上市公司未来增长前景越好，大股东认购非公开发行股票股份的比例越高；市场对大股东参与非公开发行股票的行为能够作出解读，对于大股东认购比例高的公司，市场能作出显著的正面反应，投资者调整了投资预期，表达了市场对大股东参与认购较多非公开发行股票股份的公司未来发展的信心。

此外，本章研究也试图丰富和增进人们对上市公司中大股东自交易行为及其内涵的理解。尽管已有对股权集中下非公开发行股票的研究，发现大股东会在非公开发行股票前进行盈余管理，利用非公开发行股票过度折价、劣质资产注入等方式从上市公司转移财富，然而本研究发现大股东也会利用非公开发行股票募集对象特定性的特点，稀释少数股东权益，剥夺中小股东投资机会的利益选择权，这种歧视性的金融交易行为使中小投资者蒙受了损失且更具隐蔽性，难以让监管部门察觉和引起公众投资者关注；特别是在投资者保护环境需要进一步完善、市场信息不对称较为严重、股权集中的中国，非公开发行股票更可能成为拥有信息优势的一方——上市公司大股东机会主义行为的一项工具。而反观公开增发，中小投资者可以通过选择是否参与增发来保护自身权益，当投资者预期未来投资项目实际价值大于当前公开增发价格时，他们可以选择购买公开增发的股票；反之，则会选择放弃。因此，本研究不仅有助于理解在现有股权结构下不同利益主体的融资行为，而且还对未来市场的监管和市场有效投资决策提供了借鉴。

第 7 章　市场时机、非公开发行股票与大股东自交易

1　问题的提出

随着行为金融研究的深入发展，市场参与者的非理性行为拓展了股权融资的研究范式，市场择时日益成为公司融资研究的一个重要方向。但以往以成熟资本市场为背景的文献，倾向于研究融资方式选择中是否存在市场择时现象，以及对资本结构的影响(Stein，1996；Baker 和 Wurgler，2002；Huang 和 Ritter，2005；Alti，2006)，并未涉及市场时机是否及如何作用于股权再融资中的发行价格。究其原因，主要在于西方成熟资本市场实行股票发行注册制，股权融资中的价格确定与融资方式选择具有内在逻辑的一致性。而我国作为新兴资本市场，现行发行制度是“核准制”，存在严格的证券发行管制与金融创新管制(王正位等，2011)，市场择时更多体现的是政府择时而非企业择时(郭杰和张英博，2012)，再融资方案到底采用增发、非公开发行股票还是配股，以及何时采用，企业难以依市场行情进行变更或选择；而反观发行价格，则有一定的定价冗余选择区间。因此，公司再融资定价中是否存在市场择时现象，公司又如何权衡发行成功与降低融资成本，是当前我国股权再融资中需要深入思考的问题。

不同于以往市场择时对股权融资的研究文献，本章聚焦于股权

再融资中的非公开发行股票，研究上市公司非公开发行股票的价格确定中是否蕴涵着市场择时。同时，由于新兴资本市场中非公开发行股票定价中存在较为严重的财富转移问题(Baek 等，2006；朱红军等，2008；何贤杰和朱红军，2009；张鸣和郭思永，2009)，因此，我们还关注不同市场行情下，上市公司非公开发行股票中的大股东自交易行为是否表现出不同行为特征。

2 制度背景、理论分析和研究假说

2.1 我国股票发行的制度背景分析

波动性是资本市场最为重要的特性之一，波动性大小不仅是上市公司股价对公司信息增量的刻画，还蕴含了市场参与者的投资情绪。投资者受宏观环境影响，会根据信息增量不断调整自己对风险和收益的预期，预期的这种时变特性也使股市具有明显的周期性，而这种市场时机性进一步催化了投资者过度反应或反应不足的非理性交易行为，从而强化了市场价格的波动幅度。而随着股票市场价格水平变化，企业会通过融资方式选择或发行定价，探寻最佳的融资时机或定价区间。国外已有研究证实，股市行情是公司股权融资决策时所考虑的最重要的因素之一(Graham 和 Harvey，2001；Brau 和 Fawcett，2006)，上市公司会根据市场冷热进行融资的动态选择(Alti，2006)。然而，上市公司的融资窗口或市场择时行为，依赖于资本市场的成熟程度，受股票发行和定价监管机制约束。

西方成熟资本市场国家，如美国，实行的是“公开原则”指导下的注册制，这种制度是以强制性信息公开披露为基础的，法律并不限定证券发行的实质条件，发行人只需向证券监管部门进行公司相关发行资料的申报注册。就股票发行而言，美国实行搁架发行(shelf offering)，允许发行人提前 2 年准备注册新股发行，只有当公司认为市场时机有利或公司需要资金时再发行，因此，美国的公开增发的时间或规模基本上是企业的一种自主决策行为，完全依市场行情随时进行融资。而非公开发行股票由于具有募集对象的特定性和发售方式的受限制性，甚至能够获得发行审核豁免，即发行人可根据自己的需要直接向投资者进行资金募集。因此，美国非公开发行股票的发行周期更短，发行价格也往往在发行的前一天确定，次级市场的股价波动幅度也不大。

而在中国，1997 年之前，证券市场发行采用严格的审批制，实行额度管理和指标控制，1997 年之后，证监会引入发审委制度，“审批制”开始向“核准制”过渡。2001 年，证监会正式采用“核准制”，但实际执行时离真正的核准制尚有距离，依然强调政府在资源配置方面的主导作用。证券监管部门制定了严格的增发、配股等再融资条件，不符合条件的公司被拒绝取得相应资格。同时，除了明文的政府管制约束条件，还存在其执行弹性的“隐性契约”发挥作用(陈冬华等，2008)，如为了顾及市场承受能力，监管机构严格控制发行规模和发行节奏。可见，正是融资制度约束不同，导致了中国上市公司对不同融资方式的选择偏好。也就是说，上市公司再融资方式的转变，在很多情况下，并不是企业依股市行情择时自主选择的结果，而更多是受到了政府对证券市场管制的影响，体现为一种企业与政府之间的博弈。这也意味着，在此制度环境之下研究融资方式的选择更显得困难，而研究上市公司如何根据股市行情确定融资发行价格可能更具价值。

2.2 理论分析和研究假说

就非公开发行股票而言，监管部门虽然为提高融资效率对非公开发行股票实行简易审核程序，但上市公司非公开发行股票方案自董事会预案提出，到股东大会通过，再至证监会核准，直至通过证券公司再融资发行成功，少则需要半年，多则需要 1 年之久。在这较长的发行周期内，股市行情难免大幅波动，实际增发时二级市场的股票行情往往已严重脱离董事会决议公布时预期的股票价格。反观发行价格，证券监管制度仅仅规定“发行价格不低于定价基准日前二十个交易日公司股票均价的百分之九十”，并且定价基准日也存在董事会决议公告日、股东大会决议公告日和发行期首日的可操控性。因此，上市公司根据发行时的外部融资环境择时确定再融资价格，可能更具有降低融资成本的可操作性。

由于非公开发行股票一般面向大股东、机构投资者，且参与增发的机构投资者对股市行情和股票投资回报预期更敏感(Alti 和 Sulaeman，2012)，当股市处于上行周期——牛市行情时，一方面投资者情绪乐观，市场上“热钱”涌动，股价被过分高估，另一方面机构投资者资金充裕，资金处于供大于求的局面，那么上市公司可以通过提高发行价格而压低折价幅度，进而降低融资成本；而当股市处于下行周期时，整个市场低迷，未来不确定性增加，而投资者信心具有明显的顺周期性(Stevenson 和 Wolfers，2011)，股市低迷时投资者对公司融资项目未来前景没有信心，观望氛围浓厚，投资也会更加谨慎。而此时上市公司已克服重重困难通过证监会审核，已投入了巨大的时间和精力，此时若放弃发行，其成本无疑是巨大的；并且从证监会审核通过到最终发行，时间限制为不能超过 6 个月，上市公司不能通过“等待”决策来赌市场行情短期内会好转。因此，处于此时此境的上市公司为了吸引机构投资者的参与，最有力的手段就是降低增发价格，给予认购者更大的折扣，确保发行成功。由此，我们提出如下研究假说 7.1。

假说 7.1：当资本市场处于股市下行周期时，非公开发行股票折价程度要比资本市场处于上行周期时的折价程度大。

非公开发行股票由于其发售的对象主要是控股股东或拥有资金、技术、人才等方面优势的机构投资者及其他专业投资者，并且由于不能公开向不特定的一般投资者进行劝募，因此，非公开发行股票往往被认为是一种“私事”，较少能够引起公众投资者和政府监管部门的关注（Wruck，1989）；并且，为了提高发行效率和节省政府监管资源，监管当局制定了相对宽松的公开信息披露条件[①]、实行简易发行审核程序的非公开发行股票制度，但这无形之中也降低了发行透明度。而且，大股东参与非公开发行股票时，它兼具原股东和新股东双重身份，那么价格确定、认购比例和资产注入等问题就带有关联交易的性质，而关联交易往往是控股股东从上市公司转移财富的主要手段，且具有较强的隐蔽性。非公开发行股票中的核心问题是如何确定发行价格，其增发价格的合理性是通过非公开发行股票折价来反映的（张鸣和郭思永，2009）。已有研究不仅发现控股大股东借助非公开发行股票“剥夺”中小股东投资机会选择权，通过稀释少数投资者权益的歧视性融资交易而侵害了中小投资者利益（郭思永和张鸣，2011），而且证实了上市公司通过非公开发行股票折价直接进行了财富转移（Baek 等，2006；张鸣和郭思永，2009）。那么，当资本市场处于股市上行周期时，整个市场投资热情高涨，大股东借助非公开发行股票进行大股东自交易行为更容易被市场的热情所淹没，更不易为投资者和监管部门所“察觉”；而当股市处于下行周期时，市场低迷，公众投资者对证券市场要求严厉监管的舆论压力更大，这直接导致了上市公司的融资困难，此时公司的当务之急是募集资金，那么，大股东借助非公开发行股票折价进行大股东自交易的动机会减弱。故此，我们提出如下研究假说 7.2。

假说 7.2：大股东在股市上行周期借助非公开发行股票折价进行财富转移的程度，比股市下行周期时的财富转移程度要大。

---

① 根据证监会《上市公司证券发行管理办法》《上市公司非公开发行股票实施细则》《公开发行证券的公司信息披露内容与格式准则第 25 号——上市公司非公开发行股票预案和发行情况报告书》，定向增发所要求上报证监会的审核材料和对外公开信息披露资料均少于公开发行的要求。

3 研究设计

3.1 样本选择和数据来源

本章采取沪、深两市2006—2010年所有已经完成非公开发行股票的上市公司作为初选研究样本，主要是因为我国非公开发行股票是在股权分置改革之后，经2006年《上市公司证券发行管理办法》规范，才成为上市公司股权再融资主流。同时，根据证监会行业分类标准，剔除金融、保险行业上市公司，剔除被证监会特别处理的公司，再剔除数据缺失样本，最终获得有效研究样本557家。本章数据来自Wind资讯数据库和上市公司公布的《非公开发行股票发行情况暨上市公告书》(以下简称"公告书")等相关公告。

3.2 变量设定

3.2.1 非公开发行股票折价(*Discount*)

参照Baek等(2006)、张鸣和郭思永(2009)的做法，本章以上市公司发布非公开发行股票公告书日后第一个交易日的收盘价与非公开发行股票发行价格之差，再除以非公开发行股票后第一个交易日的收盘价来确定。

3.2.2 市场时机(*MKT*)

目前大部分研究根据Baker和Wurgler(2002)的方法，采用公司市场价值与总资产的比值作为市场时机的代理变量，但这一指标由于包含了企业成长机会的噪音(Kayhan和Titman，2007；周业安等，2011)而降低了构念效度的质量，因此市值账面比通常成为衡量公司成长机会的较好指标。相比而言，股票发行时的股票市场指数可能是一个更直接的市场时机变量，上证综合和深证成份价格之间具有显著的牛、熊市周期协同性(何兴强和周开国，2006)，Alti

(2006)及王正位等(2007)的研究也表明,股票发行的冷热状况和市场指数高度相关,王正位等(2011)也采用再融资时的股票市场指数作为市场时机的代理变量。因此,本章采用股票指数来判断股市的冷热,以客观测定中国股票市场的上行周期和下行周期。股市处于上行周期时,定义市场时机哑变量 *MKT* 为 1,否则为 0。依股指变化和研究样本区间,本章定义 2006 年 1 月至 2007 年 10 月和 2008 年 11 月至 2009 年 7 月处于股市上行周期,2007 年 11 月至 2008 年 10 月和 2009 年 6 月至 2010 年 12 月处于股市下行周期。这也与国内已有的关于股市市场行情划分的研究一致(汪冬华等, 2012; 杨高宇, 2012)。

3.2.3 财富转移

我们参考 Baek 等(2006)、张鸣和郭思永(2009)的做法,将大股东通过非公开发行股票转移财富变量定义为大股东所认购的非公开发行股票股份比例与大股东在非公开发行股票前持股比例之差(*Tunnel_1*);由前面第 4 章可知,其基本的经济含义为:假设非公开发行股票由于过度折价产生 1 元的财富转移量,那么大股东由于认购比例为 β,从而会直接获得 β 元($1\times\beta$)的财富转移收入,但由于大股东在原有上市公司所占的比例为 α,为此它也会遭受 α 元($1\times\alpha$)的财富损失,据此,大股东通过非公开发行股票累计获得的转移收益为($\beta-\alpha$)元。由于大股东及其关联方一般为“一致行动人”,因此我们通过上市公司的公告书对 *Wind* 资讯数据库的相关数据进行修正,大股东在上市公司非公开发行股票前持股比例定义为大股东及其关联方在增发前的持股比例之和,大股东认购比例定义为大股东及其关联方的认购比例之和。同时,为了研究结论的稳健性,我们还引入虚拟变量(*Tunnel_2*),即若大股东所认购的非公开发行股票股份比例大于增发前原持股比例,则定义为 1,否则为 0。此外,还用大股东的认购比例来衡量其与中小股东的利益冲突(*Tunnel_3*)。

3.2.4 其他控制变量

国内外学者在对不同资本市场的研究中均发现上市公司与投资者之间的信息不对称是非公开发行股票折价的重要决定因素(Hertzel 和 Smith，1993；何贤杰和朱红军，2009)，因此，我们参照其研究方法来设计衡量非公开发行股票样本公司信息不对称的变量，以避免遗漏重要控制变量对研究结果的影响。*BM* 表示公告前1交易日的账面价值与市场价值的比值，该值越大，表明公司价值中所含无形资产构成的比例越小，衡量公司价值则相对越容易，信息不对称程度也就越低，因此要求的增发折价也就越低；*Fraction* 表示增发股票数量占增发后股票总数量的比例，公司潜在投资机会越多，需要募集的资金越多，这也说明未来不确定越高，信息不对称程度越大，与折价程度成正比。非公开发行股票所募集的资金(*Proceeds*)，以非公开发行股票募集资金的自然对数度量，基于规模效应，发行规模越大，在单位募集资金上所花费的信息成本越低，因此我们预期该变量和折价程度成反比。其余控制变量还包括以上市公司总资产自然对数为计量指标的公司规模(*Size*)、以资产负债率为计量指标的财务杠杆(*Lev*)和依据证监会规定的行业代码标准设定的行业哑变量(*Ind*)。

3.3 研究方法

引入如下模型(7.1)检验市场时机对非公开发行股票折价的影响，根据研究假说7.1，预期 α_2 的符号为负。同时，在模型(7.2)中引入市场时机和财富转移变量的交叉乘积项以检验在不同市场时机情况下，大股东自交易对非公开发行股票折价程度的影响，根据研究假说7.2，预期 α_3 的符号为正。模型(7.3)是引入信息不对称控制变量后，检验对研究假说的影响。

$$
\begin{aligned}
Discount = {} & \alpha_0 + \alpha_1 \cdot Tunnel + \alpha_2 \cdot MKT \\
& + \alpha_3 \cdot Size + \alpha_4 \cdot Lev + \alpha \cdot \sum Ind + \varepsilon \qquad (7.1)
\end{aligned}
$$

$$Discount = \alpha_0 + \alpha_1 \cdot Tunnel + \alpha_2 \cdot StockCycle + \alpha_3 \cdot Tunnel \cdot MKT + \alpha_4 \cdot Size + \alpha_5 \cdot Lev + \alpha \cdot \sum Ind + \varepsilon \quad (7.2)$$

$$Discount = \alpha_0 + \alpha_1 \cdot Tunnel + \alpha_2 \cdot MKT + \alpha_3 \cdot Tunnel \cdot MKT + \alpha_4 \cdot Proceeds + \alpha_5 \cdot Fraction + \alpha_6 \cdot BM + \alpha_7 \cdot Size + \alpha_8 \cdot Lev + \alpha \cdot \sum Ind + \varepsilon \quad (7.3)$$

4 实证结果分析

4.1 描述性统计

表 7.1 列示了全部样本公司相关变量的描述性统计。作为被解释变量，非公开发行股票折价(*Discount*)的均值为 12.278%(中值为 21.053%)，标准差为 50.968，这表明样本期间多数个股折价程度较高，且存在较大差异。作为主要解释变量，大股东自交易变量(*Tunnel_1*)均值为－1.140%(中值为－17.960%)，说明整体上大股东认购比例要低于原持股比例，这可能主要是因为我国上市公司非公开发行股票之前公司本身股权集中度较高的缘故，而标准差 44.861 也显示出具有较大的差异，表明研究样本有很好的代表性，不存在严重的选择性偏差。财富转移变量(*Tunnel_3*)表明大股东的平均认购比例达到 36.941%，并且存在大股东不参与认购和大股东认购全部增发股份的样本比例也较高。

表 7.1

描述性统计分析

Variable	N	Mean	Median	Std Dev	Min	25%per	75%per	Max
Discount	557	12.278	21.053	50.968	−314.400	0.890	40.250	89.258
Tunnel_1	557	−1.140	−17.960	44.861	−81.400	−38.160	43.920	89.740
Tunnel_2	557	0.386	0	0.487	0	0	1	1

（续表）

Variable	N	Mean	Median	Std Dev	Min	25%per	75%per	Max
Tunnel_3	557	36.941	10.000	43.498	0	0	100	100
MKT	557	0.336	0	0.473	0	0	1	1
Proceeds	557	2.146	1.947	1.060	−0.562	1.386	2.771	5.305
Fraction	557	0.206	0.159	0.154	0.013	0.106	0.250	0.862
BM	557	0.165	0.152	0.172	−1.235	0.086	0.234	1.333
Size	557	21.623	21.534	1.355	14.108	20.833	22.287	25.991
Lev	557	0.513	0.515	0.174	0.047	0.388	0.643	0.950

4.2 变量之间的相互关系分析

表7.2是变量之间的相关系数检验结果（Spearman检验）。被解释变量非公开发行股票折价程度变量（*Discount*）与描述大股东自交易的变量（*Tunnel_1*，*Tunnel_2*，*Tunnel_3*）均正相关，且显著性水平低于1%，与已有的实证研究相符（张鸣和郭思永，2009）。非公开发行股票折价程度与市场时机在1%水平上显著负相关，这表明股市处于下行周期时，折价程度较大，初步验证了我们的研究假说7.1。折价程度与描述信息不对称的控制变量*Fraction*的相关系数为0.330，且在1%水平上显著正相关，与*BM*的相关系数为−0.230，且在1%水平上显著负相关，说明信息不对称程度越大，折价程度越高，总体而言与Hertzel和Smith（1993）、何贤杰和朱红军（2009）的发现相吻合。而不同定义的财富转移变量（*Tunnel_1*，*Tunnel_2*，*Tunnel_3*）两两高度正相关，因此，为了避免多重共线性，本章在多元回归分析中将它们置于不同的模型之中分别予以考察。公司规模（*Size*）和财务杠杆（*Lev*）与其他大多数变量存在显著相关性，表明其是影响公司非公开发行股票行为的重要因素。简而言之，单变量检验中主要变量的关系和预期及已有研究相符合。

表 7.2

变量之间的相关性分析

	Discount	*Tunnel_1*	*Tunnel_2*	*Tunnel_3*	*MKT*	*Proceeds*	*Fraction*	*BM*	*Size*
Tunnel_1	0.295***	1							
Tunnel_2	0.281***	0.843***	1						
Tunnel_3	0.273***	0.876***	0.880***	1					
MKT	−0.177***	−0.02	0.007	0.01	1				
Proceeds	0.057	0.238***	0.257***	0.298***	−0.162***	1			
Fraction	0.330***	0.385***	0.347***	0.344***	0.018	0.363***	1		
BM	−0.230***	−0.076*	−0.043	−0.033	−0.011	−0.069*	−0.005	1	
Size	−0.094**	0.038	0.102***	0.151***	−0.007	0.546***	−0.200***	0.321***	1
Lev	0.044	0.226***	0.219***	0.243***	0.015	0.245***	0.140***	0.009	0.378***

注：***，**，*分别表示在1%，5%和10%水平下显著。

4.3 多元回归分析

本部分首先对模型进行异方差White检验，发现模型存在异方差，因而采用GLS方法进行回归，以控制异方差对研究结论可能造成的影响。表7.3列示了市场时机对非公开发行股票折价的影响。当以大股东在非公开发行股票中的增持比例(*Tunnel_1*)作为财富转移变量时，从表7.3模型(1)回归结果中可以看出非公开发行股票折价水平(*Discount*)和财富转移变量在1%水平上显著正相关，这与已有的研究相符(张鸣和郭思永，2009)，表明大股东在非公开发行股票过程中增持比例越大，折价水平越高，大股东通过非公开发行股票折价进行了财富转移；同时，市场时机变量在1%水平上显著为负，说明股市处于下行周期时，折价程度更大，从而验证了我们的研究假说7.1，其经济意义在于保持其他因素不变情况下，股市下行周期的非公开发行股票折价要比股市上行周期时的折价大30%左右，可见股票市场行情对非公开发行股票的发行定价影响相当大。表7.3模型(2)是引入财富转移变量与市场时机虚拟变量交叉乘积项的回归模型，除了市场时机在1%水平上显著负相关外，交叉项乘积也在10%水平上显著为正，说明当股市处于上行周期时，控股股东借助非公开发行股票折价进行了更多的财富转移，支持了研

表 7.3

市场时机对非公开发行股票定价的回归结果

	(1)	(2)	(3)
	Discount	*Discount*	*Discount*
Intercept	198.658***	262.500***	26.374
	(3.14)	(4.55)	(0.35)
Tunnel_1	0.454***	0.238*	0.014
	(7.26)	(1.73)	(0.09)
MKT	−30.579***	−33.239***	−36.994***
	(−4.23)	(−4.29)	(−4.65)
*Tunnel_1 * MKT*		0.253*	0.380**
		(1.65)	(2.40)
Proceeds			−13.295***
			(−3.40)
Fraction			156.183***
			(5.49)
BM			−21.780
			(−1.09)
Size	−9.494***	−10.587***	0.043
	(−4.55)	(−4.80)	(0.01)
Lev	47.320**	54.468***	40.610**
	(2.56)	(2.89)	(2.13)
Ind	控制	控制	控制
N	557	557	557
adj. R2	0.167	0.190	0.256

注：*** ，** 和 * 分别表示 1%，5%和 10%的显著性水平，参数估计值下方括号内为 *T* 值。

究假说 7.2。表 7.3 模型(3)为增加相关信息不对称控制变量的多元回归结果，可以发现财富转移变量与市场时机虚拟变量的交叉乘积项、市场时机变量的系数依然符合原有假说推断；同时，增发股票数量(*Fraction*)与增发折价水平在 1%水平下显著正相关，募集资金变量(*Proceeds*)与非公开发行股票折价水平在 1%水平下显著负相关，与已有研究结论一致(Hertzel 和 Smith，1993)，表明信息不对称程度是影响非公开发行股票折价的重要因素。

4.4 稳健性检验

财富转移是本章的重要解释变量，为进一步检验结果的可靠性，引入虚拟变量（*Tunnel_2*），即若大股东所认购的非公开发行股票股份比例大于增发前原持股比例，则定义为1，否则为0[见表7.4模型(1)(2)(3)]。我们依然发现市场时机在1%水平下显著为负，说明资本市场处于股市下行周期时，折价程度更高；财富转移与市场时机交叉项乘积在表7.4模型(3)中5%水平下显著正相关，验证了控股股东在市场时机较好时，借助非公开发行股票折价进行了更多的财富转移的研究推论。同时，大股东认购比例越高，对上市公司的控制权越强，财富转移的动机也越强；因此，本部分还采用非公开发行股票过程中大股东认购比例作为代理变量（*Tunnel_3*）进行检验[见表7.4模型(4)(5)(6)]，检验结果均与本章的主要发现一致。

表7.4

市场时机对非公开发行股票定价的稳健分析

	(1) *Discount*	(2) *Discount*	(3) *Discount*	(4) *Discount*	(5) *Discount*	(6) *Discount*
Intercept	201.481***	271.122***	2.317	252.338***	271.631***	15.213
	(3.32)	(4.22)	(0.03)	(4.70)	(4.42)	(0.20)
MKT	−31.115***	−44.514***	−49.128***	−29.715***	−44.757***	−48.381***
	(−4.41)	(−3.62)	(−4.16)	(−4.32)	(−3.56)	(−4.32)
Tunnel_2	35.387***	22.454	0.350			
	(5.96)	(1.63)	(0.02)			
*Tunnel_2 * MKT*		20.906	33.853**			
		(1.36)	(2.23)			
Tunnel_3				0.407***	0.225	0.050
				(6.31)	(1.50)	(0.35)
*Tunnel_3 * MKT*					0.271*	0.348**
					(1.63)	(2.21)
Proceeds			−15.742***			−14.375***
			(−4.05)			(−3.69)
Fraction			186.309***			167.097***
			(5.98)			(5.60)

（续表）

	(1) Discount	(2) Discount	(3) Discount	(4) Discount	(5) Discount	(6) Discount
BM			−24.953			−30.417
			(−1.17)			(−1.44)
Size	−10.117***	−11.651***	1.262	−11.067***	−11.363***	0.500
	(−4.65)	(−4.79)	(0.43)	(−5.44)	(−4.91)	(0.16)
Lev	44.010**	52.767***	27.562	43.822**	48.839**	38.226**
	(2.34)	(2.64)	(1.41)	(2.35)	(2.46)	(2.02)
Ind	控制	控制	控制	控制	控制	控制
N	557	557	557	557	557	557
adj. R2	0.141	0.188	0.240	0.153	0.181	0.241

注：***，**和*分别表示1%，5%和10%的显著性水平，参数估计值下方括号内为*T*值。

5 本章研究小结

本章结合中国股票发行的制度背景，以2006—2010年进行非公开发行股票的上市公司为样本，分析了市场时机对上市公司非公开发行股票发行定价的影响，得出主要结论：我国上市公司在非公开发行股票过程中存在明显的市场择时定价现象，当证券市场处于股市下行周期时，上市公司为了确保发行成功，非公开发行股票折价程度相较于股市上行周期时要大；同时发现，大股东借助非公开发行股票折价进行自交易的程度，在股市上行周期要大于股市下行周期。

本研究的启示在于以下几点。首先，上市公司非公开发行股票过程中的市场择时定价决策的根源在于我国证券发行"核准制"监管模式下的发行周期过长，我国上市公司很难像成熟资本市场"注册制"下那样依股市行情择时选择融资方式或确定融资规模，只能采用市场择时定价机制，而这种择时定价有可能加剧投资者过度反应或反应不足的非理性交易行为，进而强化股票市场的价格波动幅度。因此，对于政府监管部门而言，一方面，应稳步推进监管模式从

"核准制"向"注册制"转变，简化审核程序，拓宽上市公司的融资方式和融资品种，进一步突出股票发行的市场价格约束和投资者约束机制，强化保护公众投资者权益；另一方面，应进一步加强非公开发行股票相关事项的信息披露程度，以提高增发的透明度，使得投资者能够获得足够的信息来甄别非公开发行股票对公司价值的影响，并为相应的监督创造条件。特别是在股市的上行周期要更加注重对增发价格的监管，以防患大股东自交易。同时，对于投资者而言，尽管已有研究发现大股东会利用非公开发行股票折价进行财富转移，然而本书发现大股东财富转移程度受市场时机波动的影响，当股市处于上行周期时，大股东利用投资者的热情借助非公开发行股票折价转移了更多财富，而对此的研究发现也加深了我们对外部宏观环境变化下大股东机会主义行为的理解。

第8章　非公开发行股票的监管[1]

猫和鼠的斗争是证券市场上永恒的话题,"道高一尺,魔高一丈"是监管机构的尴尬和不敢松懈的现实。同时,监管的难点还在于:如果过度,市场就会失去活力;如果监管太少,就会失去公信力。正如中国证监会前副主席史美伦所言:监管永远是在过度与不足之间争取平衡。通过前面章节的实证分析,本书发现中国的非公开发行的制度安排并未达到政府监管部门所设计的初衷——提高上市公司独立性和资产质量,反而演变成为大股东进行自交易,侵害中小投资者利益的一种财富转移工具。这在我们将其理所当然地理解为大股东的机会主义行径时,相应的政策建议是显见的,那就是政府监管部门应该加强监管。但是,这一认识隐含的前提是,政府所设计的制度安排本身是合理的,只是没有得到很好地贯彻而已,让"歪嘴的和尚"把"经"给念歪了。然而,我们如果进一步反思政府所设计的制度安排的合理性,那么,问题又转化为,所谓"机会主义行为",不过是大股东作为一个理性个体为了寻求自身利益最大化而对政府所设计的制度安排的正常回应而已,问题的关键可能在于制度设计本身的合理性。是否正是政府所设计的制度安排,诱使了大股东自交易行为的倾向呢? 在这一章,我们转向

① 在牛津现代高级英汉双解词典中"regulation"一词的意思有:(1)管理、节制、调节和校准;(2)规则、规定、法令和命令等含义。一般在我国产业经济学中沿袭日本经济学家的用法将其译为"规制",在金融理论和政府政策研究及管理学方面则较广泛地将"regulation"翻译为"管制",而把"supervision"译为"监管",但更多的时候是把"regulation"与"supervision"合译为"监管"。因此本书监管定义对此不作严格区分。

对中国监管者应该设计怎样的非公开发行股票监管模式或制度安排问题的思考。

1 非公开发行股票政府监管背景分析

1.1 市场全流通下的监管环境愈趋复杂

1.1.1 全流通环境下对大股东行为监管难度增大

上市公司中大股东行为一直是政府部门监管的重点,而股权分置改革后监管难度加大,这在上市公司股改完成后的最初几年内尤为突出。这是因为,股改后大股东所持有的原非流通股获得了流通权,使大股东具备了通过分散化投资降低其所承担风险的可能性;为此,大股东的相应决策就是对股权结构进行适应性调整,以实现其价值最大化,而实现的途径有二:一是通过在一级市场上发行新股来实现;二是当大股东限售股份解禁后通过在二级市场上售卖股份的途径实现。由于大股东拥有上市公司的绝对控股地位和信息优势,其在一级市场进行非公开发行股票时易操纵股价,而其在二级市场上大宗买卖股份调整时易冲击市场,带来上市公司股票价格的大幅波动,加之股权分置改革时间的集中性,进而带来解禁时间的集中性,那么当较多上市公司的大股东进行股权结构调整时,就会加剧整个股市的震荡。这无疑增加了政府部门对资本市场、对大股东行为监管的难度。

1.1.2 全流通下如何对机构投资者进行监管是一个新的课题

机构投资者作为资本市场上的成熟投资者,其成熟性表现于其通过多于普通投资者的信息收集途径和强大的专业分析能力更加理性地进行投资决策,从而起到稳定市场的作用,这也是中国多年来大力发展机构投资者的初衷。2004 年 1 月,国务院发布的《关于推进资本市场改革开放和稳定发展的若干意见》(国发〔2004〕3 号)

中明确了发展机构投资者的战略部署,提出要逐步使以基金管理公司和保险公司为主的机构投资者成为资本市场的主导力量。多年来,围绕发展证券投资基金,政府大力支持保险资金、社保基金、企业补充养老基金和商业保险等长期资金以多种方式投资资本市场。但现实是,在中国,机构投资者在证券市场中并没有成为促进市场稳定健康发展的重要力量,反而起了推波助澜、雪上加霜的作用。为什么呢?

一方面,具体至单一上市公司而言,进行分散组合投资的机构投资者的持股比例相较于大股东的持股比例依然很低,"式微言轻",难以对大股东行为进行有效制衡,在某种意义上来说,随其波而逐其流,是他们的理性选择;另一方面,机构投资者较高的所有权比例在为其提供监督第一大股东动力的同时,也为其提供了与第一大股东"合谋"的基础,加之中国法律在规则制定及实施方面,尚处于对投资者保护比较弱的阶段,在这种情势下,机构投资者之间、机构投资者与上市公司大股东之间往往会形成"串谋"而侵害中小股东利益。Giannetti 和 Simonov(2006)研究了公司治理环境对投资者行为的影响,发现虽然那些仅仅享有公司现金流权的中小投资者并不愿意投资于公司治理较差的上市公司,而那些与上市公司"内部人"联系紧密的投资者(如机构投资者)却更愿意投资于这些公司治理较差的公司,因为他们能够从中得到内部消息、获取私有收益。国内研究也发现,机构投资者与控股大股东的"合谋"在股权分置改革过程中侵害了中小流通股股东的利益(靳庆鲁和原红旗,2006;吴超鹏等,2006;侯青川等,2012)。具体到非公开发行股票而言,政府监管部门在制定非公开发行股票价格方面所要求的询价制度,由于有如上所说的串谋的可能性,往往达不到市场定价的目的,反而成为其"掩饰"串谋行为的道具。这一点我们通过第 4 章非公开发行股票折价与大股东自交易研究中,机构投资者积极参与折价发行并从中获利的经验事实可得到佐证。

1.2 政府监管应该保护非公开发行股票中谁的利益

政府监管作为市场机制的矫正，其实质是以政府命令作为一种基本的制度、手段来代替市场的竞争机制，以确保获得一个更好的经济结果(Kahn, 1970, 1971)。因此，政府监管是作为解决市场失灵的一种机制而存在，从某种意义上说，其体现于从外部事前解决上市公司所存在的公司治理问题。在股权分散的美国公司制企业中，公司治理问题是经理人和股东之间由于利益冲突而形成的代理问题，故而，在美国，非公开发行制度安排也围绕是否能够保护投资者利益——特定非公开发行对象而进行设计。首先，通过严格认定非公开发行对象资格为成熟投资者，由于成熟投资者具有自身保护能力而达到保护非公开发行特定对象的利益；其次，通过信息披露制度而认定非公开发行对象能够获取相关足以自己照顾自己(fend for themselves)的信息而不需要公司公开信息的披露①。

但是，在中国，非公开发行股票制度安排所需要保护的对象与美国存在很大不同。由于上市公司股权集中度较高，公司治理所面临的主要问题是大股东和中小股东的利益冲突问题，在这种情势下，由于大股东对上市公司拥有控制权和绝对的信息优势，因此，非公开发行在保护特定投资对象的同时，更为重要的是保护外部投资者——中小股东利益。换言之，当特定增发对象为大股东时，其应该成为重点监管对象而不应成为保护对象。因此，我们说，在中国，政府监管部门在设计非公开发行制度安排时，利益保护对象应该定位于资本市场的"弱势"参与者——中小投资者，以避免非公开发行股票对象利用信息优势或"控制权"进行自交易行为。

① 美国《证券法》的立法目的是通过提供作出合理投资所必要的全部信息来保护投资者，而非公开发行股票之所以可以豁免也正是由于非公开发行对象能够获取这些投资决策的信息。

1.3 核准制下信息披露监管的不充分性

证券市场适用何种股票发行制度，取决于其所依赖的法律环境和证券市场的成熟程度。美国证券市场的股票发行制度是注册制，通过强制性信息披露原则保护公众投资者的利益。而由于企业只需披露自己的真实情况就能获得批准上市，从而限制了监管者手中的权力，可以有效地避免监管者做错事和减少腐败，因此可以说，注册制下的政府监管更加透明。但是，应该看到，注册制在通过公开信息披露而被冠以投资机会“公平”的同时，发行成本的巨大带来了发行“效率”的降低。而非公开发行特定对象由于是作为有机会获取足以进行投资决策信息的成熟投资者而不需要保护，这时政府监管部门强制性的信息披露就是对社会资源（当然也包括政府监管资源）的一种浪费，因此，美国对非公开发行实行交易豁免，也就是非公开发行制度在很好地体现了证券法的核心内容——保护投资者利益的前提下，节约了发行人筹资成本与时间，节省了政府部门的监管资源，以实质上达到了“公平与效率”“市场与监管”的均衡。

中国证券市场实行的是核准制，证券监管机构除了对申请公司进行形式审查外，还对发行人的营业性质、财力、素质、发展前景、发行数量和发行价格等条件进行实质审查，并据此作出发行人是否符合发行条件的价值判断和是否核准申请的决定。核准制遵循的是实质性管理原则。但是，核准制面临着两个无可回避的症结：政府监管部门的寻租和“政府失灵”。政府监管部门中掌有监管权力的某些政府官员一方面被动地接受寻租人的行贿或回报，另一方面又会直接利用手中的权力谋取私利，进行“政治创租”和“抽租”[①]。“政府失灵”意味着如果市场不能解决外部性问题，那么政府也不可能

① “政治创租”是指政府官员利用行政干预的办法来增加私人企业的利润，人为地创造“租”，诱使私人企业向他们“进贡”，以作为得到这种租的条件。“抽租”是指政府官员故意提出某项会使私人企业利益受损的政策作为威胁，迫使私人企业割舍一部分既得利益与政府官员分享。参见曹沛霖：《政府与市场》，浙江人民出版社 1998 年版，第 435 页。

解决。"如果私人方面要弄清谁给了谁损害或好处，是困难的，那么要政府做到这一点也是困难的。因此，政府试图改变这种状况的努力最后只会把事情搞得更糟——把损失加到无辜的第三者头上或者让侥幸的旁观者得到好处。"[①]因此，正如现代货币主义者弗里德曼所认为的，良好初衷的政府干预往往得到相反的结果(弗里德曼，1982)。可见，政府失灵和市场失灵都会有严重的后果，在缺少法治的国家，政府失灵的后果往往更加严重(文贯中，2002)，加之"政府可以做好事并不代表它就愿意做好事"(Rajan 和 Zingales，2003)。所以这些都使核准制下政府监管效率大打折扣。可见，核准制下，监管仅靠信息披露是不充分的，还需要其他的能保护中小投资者的措施。

2　非公开发行股票监管模型分析

2.1　公司透明度和流动性限制

非公开发行股票的一个显著特点就是流动性限制，而正是这种流动性限制构成了对其他非公开发行对象，特别是公众投资者的利益保护。因此，从这一角度而言，非公开发行股票监管模型的构筑要以此为立足点。

公司透明度和流动性限制是维护证券市场健康运行、保护投资者利益的重要工具，而信息披露监管和流动性监管则是政府干预证券市场的重要手段。具体来说，公司透明度是指关于公司业绩、财务状况、投资机会、公司治理、价值和风险等各方面相关、可靠的可利用的信息(Bushman 等，2004)。流动性限制则是指对上市公司拥有控制权或信息优势的一方，所作出的将资产迅速转让给交易对方能力的一种限制，其反映的是对资产拥有方以最有利的价格迅速

---

① [美]弗里德曼:《自由选择》，商务印书馆 1982 年版，第 35-36 页。

变现能力的一种约束。在股权分散的上市公司中，这种流动性限制体现为对上市公司拥有实际控制权的高管人员所持股份的一种限制①，而在股权集中的上市公司中，这种流动性限制则更多地体现为对上市公司大股东所持股份的转让限制。在中国，由于上市公司股权集中度高，大股东拥有控制权地位，因此，本书主要对股权集中这种市场微观结构形式下的情形进行论述。

公司透明度是通过信息披露实现的，“阳光是最好的消毒剂，电灯是最有效的警察”(Brandeis, 1914)，客观、充分、及时的信息披露是证券市场公平的基本保证。但是，信息披露是有成本的，这不仅包括证券发行人的发行费用和商业机密披露成本，投资人的搜集信息成本和信息处理成本，还包括证券监管部门所制定的信息披露规则成本和监督成本，以及由此带来的“效率”损失的机会成本。更为重要的是，信息披露对信息不对称的降低只是“程度”问题而不能完全消除，并且当信息不对称程度降低到一定水平时，再次增加信息披露所带来的边际成本会非常之高。

虽然信息披露可能是上市公司为了降低融资成本而提升声誉的一种自愿行为，但由于信息作为“公共产品”的外部性及其企业“内部人”获取私利的机会主义行为动机，信息提供往往是不充分的，实证研究也发现政府监管在提高信息披露方面有重要职责。但是，政府监管的难度在于，信息披露对象或者监管对象——大股东往往借助其对上市公司的高管人事委派或兼任等途径实现对上市公司的高度控制，而大股东的这种高度控制又有利于其获得私有信息，并且大股东往往会利用其在上市公司的控制权地位而“创造”私有信息。“如果某人具有私有信息，那么它就会试图将这一信息运用到他的私人利益中去”，显然，控制权和私有信息的结合使证券监管的成本非常之大。

① 如高管人员薪酬契约中的期权、持股锁定期等。

流动性限制正是为了保护中小投资者利益而对上市公司信息披露的一种替代性保护机制，这种保护性体现于对证券市场拥有强势地位的一方进行“权力”限制。当然，这种限制也可能是出于“信号机制”下的一种公司“自律”行为，如上市公司大股东为了降低融资成本，维护股价稳定而作出的持股期限制①，由于这种“信号”成本高而难以模仿，能够达到区别上市公司质量的分离均衡目的。但在更多时候，流动性限制是政府监管部门所作出的保护中小股东利益的一种监管机制，流动性受到限制的投资者（大股东）由于丧失了有效投资组合所带来的风险分散好处，限制了其利用“内幕消息”在二级市场上及时售卖所持股份，因此会激励其发挥对上市公司的监督治理作用（Kahn 和 Winton，1998）；而由于外部中小投资者所持股份可以随时流通变现，因此，对大股东所持股份的流动性限制实质上是强化了对中小股东利益的保护：如对非公开发行股票的持有锁定期，对大股东转让股份比例的限制、转让交易场所的限制等。特别在投资者保护环境较差、市场投机性较强的资本市场中，流动性限制由于成本较低，能够起到保护投资者利益、稳定市场有更为显著的作用。当然，流动性限制也是有成本的，缺乏流动性的资产（或股份）通常暗含两类成本：一是在非流动资产持有期内承受资产贬值的成本（因为该资产无法通过对冲方式进行套期保值）；二是无法将非流动资产迅速转换成资本并进行再投资的机会成本，显然，流动性限制影响了资本市场中证券价格发现功能的实现。因此，流动性限制同公司透明度一样，都是一个“度”的问题。

2.2 非公开发行股票的监管模型分析

非公开发行股票作为上市公司融资的一项重要工具，依然面临

① 如“三一重工”2008 年 6 月 18 日发布公告，三一重工大股东承诺新解禁股再锁 2 年，同时承诺前 2 年已解禁的股份在未来 2 年内将以不低于每股 55.76 元减持。受此消息影响，当日三一重工即报收涨停。

着如何保护中小投资者利益,面临着前述提及的两个核心问题:公司透明度和流动性问题。政府监管部门也正是在要求信息披露以强化公司透明度和对大股东持股进行流动性限制从而保护中小投资者利益的权衡中来建立这项制度安排的。更进一步说,非公开发行股票的制度安排实质上在于权衡信息披露成本和流动性限制成本。实证研究也发现,这两种保护中小股东利益的措施实际上是可以相互替代的,Bhide(1993)通过对美国证券市场的研究发现,美国的信息披露政策所带来的流动性的提高是以牺牲大股东的治理作用(主要是监督作用)为代价的,因此非公开发行股票监管制度的功能在于寻求信息披露成本和流动性成本所导致的最低社会总成本。

图 8.1 描述了政府监管部门所制定的非公开发行制度安排的制度可能性边界(IPF)。横轴代表由于对大股东所持股份进行流动性限制所带来的社会损失,纵轴表示由于信息披露所带来的社会成本。IPF 反映了监管制度可能性边界:随着流动性的增加,有多大程度的信息披露成本可以被降低。IPF 上的每一点都代表着这样一种制度安排在流动性和信息披露之间的权衡。

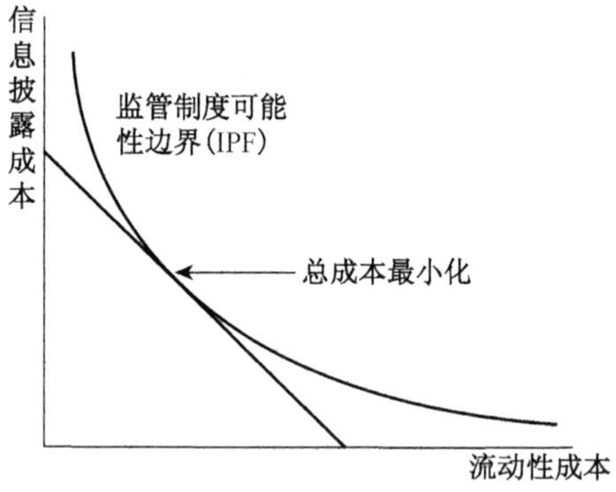

图 8.1　非公开发行股票监管的基本分析框架

图 8.1 中的 IPF 曲线是凸向原点的,这符合标准的新古典假设,即流动性成本的边际增加只能产生信息披露成本越来越小的减少。这在股权分散情况下是不成立的,但是它很符合股权集中情况下政府监管部门在信息披露成本和流动性限制成本(针对大股东)之间社会资源的权衡。我们可以设想,当 IPF 曲线沿着横轴正向趋近于无穷大时,说明此时大股东所持股份几乎不能流通,这种情况

类似于中国股权分置改革之前的情况，也就是大股东所持非流通股根本没有流通预期，在这种情况下，信息披露社会总成本会比较低（因为在这种情况下，大股东不能进行内幕交易直接操纵股价，进而通过售卖股份而获益，并且大股东对上市公司的大股东自交易行为所导致的成本最终也要由大股东自身来承担，这无形之中会抑制大股东的自交易行为）。但是，如此所造成的流动性社会成本也是巨大的，因为此时证券的价格发现功能丧失了，或者说证券市场由于丧失了资源配置功能而失去了继续存在的意义。同样，当IPF曲线沿着纵轴正向趋近于无穷大时，说明大股东所持股份完全处于流通状态，在这种情况下，占有信息优势的大股东极易通过内幕消息操纵股价而直接获取私利。因此，为了充分保护中小股东的利益，政府监管部门就需要制定严格信息披露制度，在这种情况下，信息披露社会总成本是相当大的，有些公司会因为信息披露成本太高而退出资本市场，最终也会导致证券市场的萎缩。当然，诚如Coase(1960)所言，没有任何规则得到了不折不扣地执行，因此，我们并不期望存在任何监管制度能够完全消除由于信息披露和流动性限制所产生的交易成本。

图8.1中向下倾斜的45度线显示了一个社会中的信息披露和流动性限制下的社会总成本。社会总成本线与IPF的切点就是政府监管部门所设计的非公开发行股票的有效制度安排选择。需要说明的是，IPF曲线的形状在不同的国家或地区，或者在同一国家或地区的不同时期，由于政治、经济和法律环境的影响，其所引致的IPF曲线的曲率是不一致的（如图8.2）。例如，在中国，由于透明度所引致的信息披露成本可能会更高些，所以IPF曲线会更加陡峭一点。有效率的制度安排选择正是政策建议和实证经济学的兴趣所在，它们可以从流动性限制的压力下改革而来（如中国的股权分置改革），也可以从寻求节省信息披露成本的要求而来（如非公开发行股票制度），还可以从Hayek(1960)所描述的最合适的制度在一个较长时间的进化过程中演进而来。

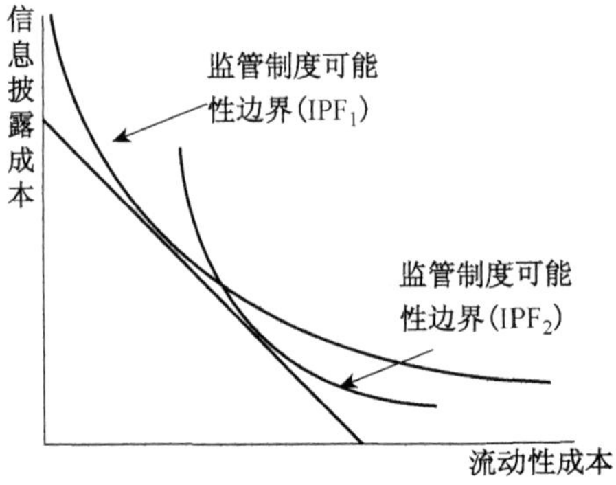

图 8.2　非公开发行股票监管制度不同的可能性边界

IPF 的形状和位置，以及有效率的制度选择是由许多因素所决定的，不同的社会，其 IPF 的位置变化非常之大。在这里，IPF 的位置定义为投资者保护程度。这种投资者保护程度是由一个国家或地区的市场机制、司法体系以及其他监管制度共同决定的。这些投资者保护制度互为条件、相互补充，而且这三种制度相互补充得越强，作用发挥得越协调时，才越能够有效地控制股票市场参与各方的行为，以较低的社会成本来实现证券市场的良性发展。因此说，如果在一个国家或社会中投资者保护程度越高，IPF 曲线就越接近原点，所带来的由于信息披露和流动性所带来的社会总成本也就越少，图 8.3 进行了较好的说明。

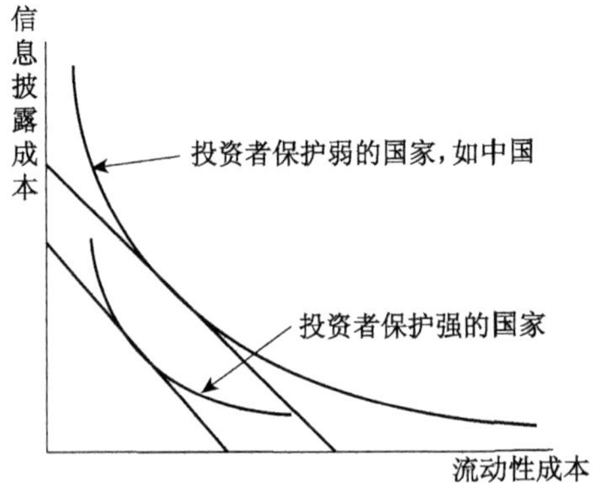

图 8.3　投资者保护程度不同下的非公开发行股票监管模型

3 非公开发行股票政府监管的政策建议

股权再融资的监管是政府监管部门对资本市场监管的重点内容，通过前述监管背景和基本监管模型的分析，以及本书前面章节的实证研究，相应提高非公开发行股票制度安排的监管措施应着眼于以下几点。

3.1 加强投资者保护环境的建设

投资者保护水平是指法律及其执行保护投资者免受公司内部人剥夺利益的程度(Castro 等，2004)。已有的理论认为和实证研究显示不同的法律投资者保护水平造就了公司内部人侵占外部股东利益的能力，进而也决定了投资者对市场的信心和市场的发展(La Porta 等，1997；Shleifer 和 Vishny，1997；La Porta 等，1998；Shleifer 和 Wolfenzon，2002)。通过前述模型分析也可以看出，投资者保护水平的提高能够使监管制度可能性边界(IPF)整体向原点平移，从而分别带来信息披露成本、流动性成本的降低，进而带来社会总成本的下降。流动性限制、信息披露制度当然也是保护投资者利益的重要制度安排，但是一项制度安排的效率极大地依赖于其他有关制度安排的存在(Lin，1989)。因此，提高整个社会的投资者保护水平能够使非公开发行股票制度更好地保护中小投资者利益。那么如何提高投资者保护水平呢？哪一种方式能够有效地促使投资者保护水平的提高呢？

提高投资者保护水平的途径有二：一是通过司法的事后被动式执法，二是通过政府监管部门事前主动式执法[①]。

① 监管和司法(在美国就是指法庭)的差别我们参考了 Pistor 和 Xu(2002，2003，2005)中的概念定义：从功能上来说，司法与监管者的不同在于，司法的执法方式是被动式的，执法只有在上诉后才进行，监管是一种主动的执法方式，意味着在有害的行为还没有发生的时候，就可以采取行动，以阻挡有害行动的发生。

美国证券法主要起草人之一 James Landis 曾言,“使投资者损失获得方便的私人赔偿能够极大地激励市场参与者执行证券法律”(Landis, 1938; Seligman, 1995),因此,能够有效提高社会投资者保护环境的措施应该是在投资者利益受损时,能够以较低成本获得赔偿的制度(Djankov 等, 2008)。具体至中国,沈艺峰等(2004)研究发现,我国在中小投资者法律保护方面普遍较差,正处在一个从弱到强、逐步健全的过程中,法律环境改善仍然任重道远。譬如,最高人民法院明确规定,法院目前只受理证监会及其派出机构作出处罚决定的证券市场因虚假陈述引发的民事赔偿案件,而对其他侵权行为引发的民事责任暂不追究;并且,只受理单独或者共同诉讼,不接受集团诉讼(class action)。这些都无疑增加了投资者利益受到侵害时获得赔偿的成本。因此,当务之急,健全和完善我国股东诉讼制度是保护中小投资者利益的基础。具体而言:首先,扩大股东直接诉讼范围,赋予投资者充分的诉权,只要虚假陈述等行为的结果与股东利益有关,就应允许股东直接诉讼,特别是取消最高人民法院《关于审理证券市场因虚假陈述引发的民事赔偿案件的若干规定》(法明传〔2001〕43 号)中必须依据行政处罚或刑事裁判文书才能提起证券民事诉讼这一前置条件;其次,引进股东集团诉讼制度,直接降低中小投资者维权成本。当然,相较于法律规则制度的完善,有效的法律落实显得更为重要,Bhattacharya 和 Daouk(2009)发现,一个得不到落实的良法还不如没有法律来得好,对于处于新兴和转轨阶段的中国,只有提高执法效率,并加大对违法者的惩罚力度,方能真正起到对侵权行为的“阻吓”作用,并最终有效降低投资者诉讼成本。

由于“市场本身并非总是完善的”“引入监管和监管者可以解决上诉的成本和信息问题”(Glaeser 等, 2001)或法律的不完备性(Pistor 和 Xu, 2003, 2005)等原因,仅仅依靠司法的被动式执法并不能完全达到保护中小投资者的目的,因此政府监管作为一种补充方式，在资本市场中发挥着重要的作用。而其中的信息披露和流动性限制则是在实行“核准制”的中国采取的最为有效的两种措施。

信息披露是保护投资者利益的有效手段，但是，信息披露的方式决定了对投资者保护的效率，因此，从提高效率的角度出发，证券市场中应该让能够以最低成本提供信息的人收集和表述信息，并且对他忽略或有意错报信息的情况负责（Djankov 等，2008）。Grossman 和 Hart(1980)的模型显示，最低信息成本的提供者不是投资者，而是证券发行人、承销商和注册会计师，一个有效的制度体系应该是激励这些人向投资者收集和表述可靠的信息。从这个角度而言，在中国，提高投资者保护环境的制度安排应该是加强信息披露制度的建设，让能够以最低成本提供信息的上市公司及其中介机构向投资者充分披露信息和提供保证，这样在无形之中也降低了投资者寻求保护的成本。同时，通过对大股东持股的流动性限制可以避免政府监管部门的腐败等问题的发生，这些都强化了对中小投资者的保护。

3.2 对非公开发行股票再销售的监管

从前面对监管模型的分析可以看出，对上市公司大股东持股的流动性限制是保护中小股东利益的一项重要监管措施。具体到非公开发行制度安排的设计，主要是指非公开发行股票的再销售监管措施。

再销售是限制性股票转让流通的一项重要组成部分，从我们在第 3 章对美国非公开发行证券分析可以看出，美国通过《规则 144A》和《规则 144》分别对不同的非公开发行对象在转让对象和持股期限方面进行了严格规定，以避免限制性证券再销售对二级市场的冲击，也是为了避免出现假借非公开发行行公开发行之实的现象。因此，借鉴美国成熟的限制性证券的再销售管理规定，中国应该在如下方面着手严格监管非公开发行股票再销售，以便能够更好地保护中小投资者利益。

第一，当非公开发行股票转让在合格投资者之间进行时，需要通过国内的大宗交易专场进行。大宗交易专场业务，是指由股份持有者发起出售需求，或股份购买者发起购买需求，可委托证券交易所为其提供公开发售、配售或购买等相关服务。会员向交易所提出申请后，由交易所组织专场，相关会员和合格投资者作为响应者参加，通过大宗交易系统采取协商、询价、投标等方式确定成交，并由登记结算公司完成结算的业务。当持有非公开发行股票股份的股东预计未来一段时间（如 1 个月）内公开出售所持非公开发行股份超过该公司股份总数达到一定比例（如 1%）或一定数量（如 100 万股）时，应当通过证券交易所大宗交易系统转让所持股份。由于这种交易行为不会对二级市场造成冲击，因此，交易的比例或持有锁定期限的限制可以适当放宽。

第二，当非公开发行股票在二级市场上转让时，必须严格限定持股锁定期和转让比例，以最大限度地避免对市场的冲击，保护外部中小投资者利益。如果证券所有人与发行人之间是控制或被控制关系，或者是共同被第三人控制的关系时，或者是战略投资者进行转让时，持股锁定期至少应该是 3 年，如果是其他合格投资者在二级市场上转让的，持股锁定期必须在 1 年以上①。在转让比例上，一次再出售的证券加上之前 3 个月内出售的同类别证券的总数量不得超过发行人最近公告中披露的该种类证券发行在外数量的 1%，或前 4 个星期内在证券交易所成交的周平均交易量。同时，凡在任何 3 个月内出售的限制性证券超过一定数量（如 500 股）或出售总额超过一定金额的（如 10 万元），均需向证券监管部门和有关证券交易所报送通知。

① 一般来说，在 1 年以上的持股期后，市场足以检验该非公开发行证券的质量和发行人的表现，投资者的投资情绪已稳定，也已不太可能出现假借非公开发行行公开发行之实的现象。

3.3 大股东以实物资产认购非公开发行股票的监管

上市公司的大股东或控股股东通过以相关资产[1]认购非公开发行股票，可实现母公司整体上市，解决上市公司与母公司之间的关联交易、同业竞争及上市公司独立性不强等问题，同时实现母公司资产的证券化，有利于优化其资产结构。然而以什么质量的资产认购非公开发行股票，必将对其他股东的权益带来影响。虽然理论上存在，证券监管部门也规定大股东必须以质量较高的实物资产通过认购非公开发行股票注入上市公司，以提高资产质量、改善财务状况、增强持续盈利能力，但是，现实情况引致我们思考的是：一是大股东为什么要拿出本来自己享有100%收益权的优质资产注入上市公司，从而与他人分享？二是证券监管部门如何正确评判相关实物资产质量的优劣。

Friedman等(2003)提出大股东“支撑行为(propping)”的概念，认为控制性股东在公司处于财务困境等状况时，会利用私人资源向上市公司输送资源。在我国，上市公司为取得上市资格而进行“包装”、为获得股权融资(配股和增发)资格或避免摘牌之时，大股东会向上市公司输送优质资源。而非公开发行股票，本身资格条件要求并不高[2]，并且没有再融资之虞(因为一般还有其他的非公开发行股票对象，如机构投资者，战略投资者等，一般要求他们采用现金认购)，这样上市公司的大股东“支撑行为”的动机并不存在或并不强烈。

如何判断上市公司控股大股东认购非公开发行股票所对应资

① 包括部分改制上市时留在母公司的与上市公司主营业务关联性较强的资产，部分主营业务资产，为主营业务服务的辅助设施资产，如土地使用权、采矿权、非专利技术等。

② 根据证监会2006年第30号令《上市公司证券发行管理办法》，公开发行的条件要求均要高于非公开发行。以盈利标准为例，公开发行要求最近3年连续盈利，对于增发和可转债，还强调最近3年加权平均净资产收益率平均不低于6%；而非公开发行对盈利标准没有具体要求。

产质量的优劣，更是政府监管部门在上市公司非公开发行股票监管中面临的难点之一。《上市公司证券发行管理办法》(证监会第30号令)中要求上市公司在非公开发行股票申请材料中必须提供“拟进入上市公司资产(包括权益)有关的财务报告、审计报告、资产评估报告”及“发行人最近三年的财务报告和审计报告及最近一期的财务报告”，并且要求相应的保荐机构、资产评估机构和会计师事务所等中介机构出具关于控股大股东认购资产质量问题的财务顾问报告。但是，这并不能保证大股东认购资产质量的公正性。以处于重要地位的资产评估环节为例，在对大股东资产评估所依据的法规体系中，国资委2005年颁布的第12号文件《企业国有资产评估管理办法》具有最高的法律效力，其与《国有资产评估管理办法施行细则》(国资办发〔1992〕36号)处于核心地位，其他行业规章均以它们为依据。虽然我国的资产评估协会已经成立，但实质上是国有资产管理部门在进行全面管理，因此，资产评估还处于国有资产管理体系中，并不独立；这样，资产评估的目的还局限于为国有资产保值增值服务。而以实物资产认购非公开发行股票股份的上市公司大股东往往是国家股或国有股股东，这样资产评估机构对大股东认购的资产在评估中具有一定倾向性也就在所难免。原红旗等(2008)证实了控股股东有动机操纵评估结果，在股份制改制时以较小的投入获得较大比例的股份，实现对中小股东的利益侵占，并发现大股东完全控股股权结构下上市公司的非正常评估增值率高于其他股权结构的上市公司。在资产注入非公开发行股票过程中，大股东也确实存在机会主义行为，实现了利益输出(颜淑姬，2012)。可见制度安排的天平本身就不能保证大股东实物资产认购的公平性[①]。

同时，我们还应该看到，针对大股东的非公开发行股票本身就

---

① 2008年4月29日，财政部、证监会联合发布《关于从事证券期货相关业务的资产评估机构有关管理问题的通知》(财企〔2008〕81号)规定，就从事证券期货相关业务的资产评估机构的资格、合并或分立、日常管理及退出机制等进一步规范，但是在法律效力、保护公众投资者利益等方面依然乏善可陈。

是一项重大关联交易，而关联交易具有的隐蔽性和复杂性使其监管难度很大，同时非公开发行股票时信息披露要求较低、监管部门实行简易审核程序，在上市公司大股东掌有绝对控制权，在我国中介机构市场尚未完全形成的情况下，这些规定和措施有时候更多的是“形似而神不至”，往往会加剧大股东在非公开发行股票时的自交易行为，不能保证大股东认购资产的质量。

资本市场的有效运行应该是以“公平”为首要前提的，当公平无法保证之时，“效率”往往只能成为一种破坏公平的借口。因此，相应的具有可操作性的监管措施应该为：一是杜绝大股东的实物资产认购，而统一为采用现金资产认购相应的非公开发行股票股份。二是区别资产认购的形态而采用不同的持股锁定期；也就是说，假使对大股东采用现金资产认购需要锁定3年的话，对于实物资产应该至少锁定5年，因为非公开发行股票注入的实物资产效用的发挥是需要时间的，而效用发挥的过程，也就是资产质量得到检验的过程，这样通过锁定期的延长，一方面可以抑制大股东借助非公开发行注入劣质资产的机会主义行为动机，另一方面也有利于大股东对上市公司实行监督，提高上市公司经营质量，维护上市公司股价稳定。

3.4　大股东认购非公开发行股票的价格制度约束

根据《上市公司证券发行管理办法》（证监会第30号令）、《上市公司非公开发行股票实施细则》（证监发行字〔2007〕302号）规定，非公开发行股票实行两种不同的定价方式：一种是发行对象为如下三种情形：①上市公司的控股股东、实际控制人或其控制的关联人；②通过认购本次发行的股份取得上市公司实际控制权的投资者；③董事会拟引入的境内外战略投资者时，具体发行对象及其认购价格或者定价原则上由上市公司董事会的非公开发行股票决议确定，并经股东大会批准。另一种是董事会决议未确定具体发行对象的，在取得中国证监会的核准批文后，由上市公司保荐人在批文的有效期内向符合条件的特定对象提供认购邀请书，以竞价方式确定发行价格和发行对象。认购邀请书发送对象的名单由上市公司及保荐人共同确定，除应当包含董事会决议公告后已经提交认购意向书的投资者、公司前20名股东外，还应当包含符合《证券发行与承销管理办法》(2006年证监会第37号令)规定条件的下列询价对象：①不少于20家证券投资基金管理公司；②不少于10家证券公司；③不少于5家保险机构投资者。

而通过我们前述实证分析，可以看到，非公开发行股票存在四种发行形式：一是大股东和其他特定发行对象——合格投资者(主要是机构投资者或战略投资者)以相同非公开发行股票价格认购非公开发行股份；二是大股东和其他特定非公开发行对象以不同增发价格认购非公开股份；三是仅针对大股东的非公开发行；四是不包括大股东而以其他合格投资者为增发对象的非公开发行。在这四种发行方式中，第一种和第四种方式采用我们上面述及的竞价的市场发行方式，而第二种和第三种针对大股东定价则采用公司内部定价方式。因此，在中国大股东拥有上市公司绝对控制权的情况下，公司内部定价方式更加难以保证公允性，大股东更容易利用非公开发行股票折价而侵害中小股东利益。

面对这种情况，相应的政府监管措施应该是取消前面公司内部定价方式，在非公开股票定价中更多引入市场参与者，更多地采用竞价定价方式，以避免大股东通过非公开发行股票价格进行操纵实现自交易行为。

对于一个资本市场的健康发展来说，比市场参与者道德文化素质(自律行为)更为重要的是政府所做的制度安排。由于政府所提供的是资源赖以有效配置的秩序框架，而如果没有由政府提供的这种秩序稳定性，理性行为也不可能发生，所以政府所提供的制度安排对资本市场发展的重要性是怎么强调亦不为过的。然而，正如Lewis(1955)所说："没有一个国家不是在明智政府的积极刺激下取得经济进步的……另一方面，经济生活中也存在着这么多由政府弄出来的祸害，以至于很容易就训诫政府参与经济生活一事写上满满的一页。”那么，明智的政府和不明智政府的区别是什么呢？答案或许在于政府如何制定激励政策对个人进行引导。具体到资本市场而言，就是如何更好地保护产权，营造良好的投资者保护环境，如何激励理性个体遵守政府所设计的制度安排，避免扭曲。也许，本书尝试着对这些问题进行了探索。

第9章 研究结论

1 主要研究结论和创新

1.1 主要研究结论

本书集中对中国上市公司的非公开发行股票进行研究，通过研究得出以下主要结论：

第一，我们通过与西方成熟资本市场国家（主要是美国）所实行的非公开发行制度进行比较，发现中国非公开发行股票在制度定位、发行对象、发行程序等方面与美国存在相当大的差异，这种差异既源于中国政府监管部门制度安排设计定位不够明确，也来自制度背景的差异，因为非公开发行股票这项制度安排的效率极大地依赖于其他有关制度安排的存在。

第二，考察了大股东控制下的上市公司非公开发行股票折价问题，以探求非公开发行股票是否是上市公司的控股大股东进行自交易的一种工具。研究发现：大股东的机会主义行为动机是影响上市公司进行非公开发行股票的重要因素，上市公司非公开发行股票的折价水平和大股东认购比例共同决定了大股东是否从上市公司转移财富及其转移财富的多寡。良好的投资者保护环境能够降低非公开发行股票折价水平，从而抑制大股东借助非公开发行股票的自交易行为。

第三,基于大股东自交易视角,我们构建模型以探求上市公司的股权再融资行为,研究发现,公司所投资项目的质量是上市公司选择非公开发行股票还是公开增发的重要影响因素。由于控股大股东拥有信息优势并掌控融资方式的选择权,当投资项目未来前景较好时,大股东会选择非公开发行股票并积极参与。这种歧视性的融资交易行为剥夺了公众股东的投资机会选择权,侵害了中小投资者利益。

第四,本书还进一步系统考察了大股东参与非公开发行股票的动因及市场影响。实证结果表明:上市公司未来增长前景越好,大股东认购比例越高;市场对大股东参与非公开发行股票的行为能够作出解读,大股东认购比例越高的公司,市场正向反应越大。但非公开发行股票这种歧视性的融资交易行为稀释了上市公司中小股东权益,侵害了公众投资者利益。

第五,我们还研究了市场时机对上市公司非公开发行股票发行价格的影响。研究发现当证券市场处于股市下行周期时,上市公司非公开发行股票折价程度相较于股市上行周期时要大;在股市上行周期,大股东借助增发折价进行了更多财富转移。

第六,通过对非公开发行股票制度所构建的监管模型的分析,得出公司透明度和对大股东流动性限制是维护证券市场健康运行、保护投资者利益的重要工具,而信息监管和流动性限制监管则是政府干预证券市场的重要手段。根据模型,我们提出相应的制度安排监管建议。

1.2 创新之处

本书创新之处包括以下几点:

一是丰富了非公开发行股票理论。国外研究主要是从监督效应、信息不对称和管理层的机会主义行为角度阐述非公开发行股票中的折价问题,而本书根据中国的制度背景,系统提出我国的非公开发行股票折价反映的是上市公司大股东进行财富转移的自交易行为。通过建立一个非公开发行股票发行的数学模型，推导出非公开发行股票的核心问题，分析了大股东主导或参与非公开发行股票的意愿，并进行经验检验。

二是本书为上市公司大股东通过自交易进行财富转移提供了直接的经验证据。虽然股权集中使上市公司的控股大股东往往从上市公司转移财富，侵占中小投资者利益，但是直接的经验证据一直较少，并且多集中于投资决策下的研究，而本书则从上市公司融资决策的角度提供了较为直接的经验证据。

三是本书系统地与西方成熟资本市场国家（主要是美国）所实行的非公开发行制度进行比较研究，分别从制度定位、发行对象、发行程序等方面对非公开发行股票这项制度安排进行对比分析。同时，通过中国证券市场制度变迁过程的分析，指出非公开发行股票在中国本质上是一种解决历史遗留问题的方式，是为了整体上市、亏损企业重组等。这种分析有助于我们加深对当前我国非公开发行股票制度及其相关制度安排的理解。

四是丰富了上市公司融资方式选择的理论。已有对非公开发行股票和公开增发的选择研究中，主要从避免控制权稀释、降低道德风险成本和减少逆向选择成本等角度进行阐释，而本书结合中国制度背景构建简单模型进行分析，从大股东自交易角度提出一种新的解释。

五是本书还基于中国制度背景，探究了市场时机对非公开发行股票的价格影响，这不仅拓展了非公开发行股票价格确定问题的研究视角，更是对现有股权融资中市场择时问题等现有文献的重要补充；同时，大股东自交易是新兴资本市场中的重要公司治理问题，但关于外部宏观环境对微观企业中大股东自交易行为影响的研究相对较少，而本书通过研究不同市场行情下控股股东财富转移的行为异化，对此进行了有益探索。

六是通过对非公开发行股票制度所构建监管模型的分析，本书首次提出公司透明度和对大股东持股的流动性限制都是维护证券市场健康运行、保护中小投资者利益的重要工具，而政府出台的非公开发行股票制度必须依据监管环境权衡社会信息披露成本和流动性限制成本。这为政府监管部门进一步完善非公开发行股票制度，以稳定股权分置改革后全流通市场，保护中小股东利益提供了一条新的思路。

2 研究局限性及其未来研究方向

本研究存在诸多不足与局限，待于以后作进一步的探讨和改进。

2.1 研究局限性

2.1.1 关于融资方式选择的研究

在对上市公司融资方式选择的研究中，本书主要以非公开发行股票和公开增发作为研究对象，并没有涉及另一种股权再融资方式——配股，主要原因在于研究期间选择配股作为融资手段的上市公司样本太少，不足以进行实证检验。

2.1.2 关于非公开发行股票公告日事件研究

在第6章进行事件研究时，采用的是以上市公司公布《非公开发行股票发行情况暨上市公告书》的日期作为事件日，事实上，上市公司的非公开发行股票从董事会预案公告到股东大会审议通过，再至证监会审核通过，至少要经过2～4个月，甚至更长的时间，在此期间，根据进度会随时公布与此相关的信息。这些不同的日期对市场将会产生怎样的影响，这些影响的累计效应是如何的，本书囿于数据缺失和研究方法，没有进行研究。

2.1.3 关于非公开发行股票经济后果的研究

国外对公开增发或配股的长期业绩的研究一般事件窗口为

3～5年,这样事件释放得会更加完全,但是缺陷在于容易受到其他事件的干扰。而中国资本市场在本研究期间发生了许多重大事项,也在一定程度上会"干扰"非公开发行股票的经济后果,因此本书没有从长期股票投资报酬率和长期会计业绩角度对此进行深入研究。

2.1.4 关于政府监管

在研究政府监管部门对非公开发行股票如何监管的研究中,本书假设政府是"仁慈的",政府监管目标是保护中小投资者利益,把资源配置到最有效率的企业中去。但是,正如 Olson(1993, 2000)把国家和政府比作"坐寇",Frye 和 Shleifer(1997)、Shleifer 和 Vishny(1998)将政府视为"掠夺之手"(grabbing hand),政府的监管目标可能是多元化的,政府的权力掌握于"理性人"手中,理性人会为了自身私利而扭曲监管政策。限于研究主题,本书并未就此作深入探讨。

2.2 未来研究方向

鉴于非公开发行股票已成为中国上市公司后续融资的重要手段,也是公司财务研究中一个重要的研究课题,对其进行深入、细致的研究必将有助于中国资本市场改革的深化,未来的研究方向主要在以下几个方面:

(1) 随着非公开发行股票样本公司的增加,我们可以展开更为细致的分类研究,详细考察不同非公开发行对象之间,募集资金的不同投向之间是否存在差异,导致这一差异的深层次原因是什么?这些差异引致了什么样的经济后果?

(2) 配股作为上市公司股权再融资的一个重要手段,其在中国也有着最为悠久的历史,因此,未来应关注上市公司是如何选择非公开发行股票、公开增发和配股这几种股权再融资方式的。监管部门又是如何对申请资格进行审查的。要完整、深入地理解上市公司股权再融资的问题,尚需对这些问题进行深入探讨。

(3) 未来可进一步展开对上市公司非公开发行股票长期业绩的研究，且可以放置于更长的窗口进行考量，并综合长期会计业绩指标，以观察其业绩有何明显的变化；同时，除了将非公开发行股票的长期业绩与市场、对照组的业绩进行比较，下一步也可以尝试研究不同股权再融资方式下长期业绩的比较。

(4) 本研究虽然指出信息披露和流动性限制是政府监管部门保护中小投资者利益的两种方式，且这两种方式具有显著的替代性，但是尚缺乏经验证据的支持，因此，对其进行实证分析是未来研究的方向。

(5) 股票发行制度改革对上市公司非公开发行股票行为的影响。2013 年 11 月通过的《中共中央关于全面深化改革若干重大问题的决定》，正式确定了"推进股票发行注册制改革"的新方向。上市发行股票由核准制改为注册制，是游戏规则的一次重大改变，必将引起原有的相关监管机构职能的重大调整及上市利益链条的彻底改变。注册制能否顺利实施还有赖于配套的制度环境和市场成熟度。因此，注册制对非公开发行股票的制度变革和实践影响，是我们下一步重点关注的内容。

附录1 非公开发行股票缘何演变成大股东自交易的工具

——基于驰宏锌锗非公开发行股票的案例研究

为了给理论分析提供现实基础，本部分以我国A股上市公司——云南驰宏锌锗股份有限公司(股票代码:600497,以下简称驰宏锌锗)非公开发行股票作为案例，来分析非公开发行股票过程中的大股东自交易。

1 驰宏锌锗非公开发行股票案例概况

1.1 驰宏锌锗与其大股东云南冶金集团的基本情况

驰宏锌锗成立于2000年7月，注册资本166 756万元人民币，是一家以铅锌产业为主，集地质勘探、采矿、选矿、冶金、化工、深加工、贸易和科研为一体的国有控股A股上市公司。驰宏锌锗前身为云南会泽铅锌矿，成立于1951年1月，是我国“一五”计划156个重点建设项目之一，也是我国最早从氧化铅锌矿中提取锗用于国防尖端工业建设的企业。驰宏锌锗是在云南会泽铅锌矿的基础上，于2000年7月18日由云南会泽铅锌矿、云南富盛铅锌有限公司和云南北电电力实业有限公司等6家共同发起设立的。2003年，原云南会泽铅锌矿将所持驰宏锌锗股份全部无偿划转给云南冶金集团总公司，云南北电电力实业有限公司将其持有驰宏锌锗股份全部转让给会泽县国有资产持股经营有限责任公司后，驰宏锌锗于2004年4月在上海证券交易所上市，股票代码600497。驰宏锌锗现已发展成为在国内的云南、四川、内蒙古、黑龙江、西藏、北京、中国香港以及国外的加拿大、澳大利亚、玻利维亚等地拥有36家分子公司的集团化、国际化企业，资源品种覆盖铅锌、铜、钼、金、银、锗等多种有色金属。公司享受国家西部大开发有关减按15%征收所得税的税收优惠政策。公司曾先后荣获"全国设备管理优秀单位""国家科技攻关授奖成果单位""'AAA'银行信用等级"等数百项荣誉称号。可见，驰宏锌锗具有很强的经营实力和很高的市场地位。

云南冶金集团总公司（以下简称云冶集团或称大股东）的前身为云南省冶金工业厅，1989年2月经云南省人民政府批准改制为经济实体，是云南省第一批重点培育的大型企业集团；截至2005年12月31日，云冶集团资产总额1 091 770万元，2005年度实现销售收入781 762万元，净利润29 087万元。云冶集团在股改之前持有驰宏锌锗股份8 237.86万股，占总股本的51.49%，是驰宏锌锗的控股股东。

1.2 驰宏锌锗非公开发行股票的过程

驰宏锌锗的非公开发行股票可谓一波三折，并且由于和公司的股权分置改革捆绑在一起，更增加了扑朔迷离的味道。驰宏锌锗的非公开发行股票过程见表1。

表1

驰宏锌锗非公开发行股票进程

时间	事　件
2006-2-27	驰宏锌锗发布《关于进行股权分置改革的提示性公告》，公司股票自当日起开始停牌
2006-4-14	驰宏锌锗发布《股权分置改革说明书》，对价方案为流通股东每10股获送2.3股，同时拟对控股股东新增股份收购其拥有的铅锌矿资源以及相关资产；且公告股改和非公开发行股票两方案紧密联系，互为前提、同步推进

（续表）

时间	事　　件
2006-4-24	驰宏锌锗发布《关于股权分置改革方案沟通协商情况暨调整股权分置改革方案的公告》及《重大资产收购暨关联交易报告书》，将股改对价调整为10股送2.7股，拟以每股19.17元的价格向控股股东云冶集团增发3 500万流通股，用于收购云冶集团拥有的昭通铅锌矿。本次新增股份不足以支付收购价款，云冶集团同意驰宏锌锗在交割日后的1年内以现金支付缺口部分
2006-5-24	驰宏锌锗股东会议审议通过了与股改捆绑推进的非公开发行股票议案
2006-5-29	驰宏锌锗召开了股改相关股东会议，其股改方案获得通过
2006-6-6	驰宏锌锗股权分置改革方案公告，由非流通股股东向流通股股东按每10股支付2.7股
2006-8-23	证监会出具《关于云南驰宏锌锗股份有限公司重大资产重组方案的意见》，驰宏锌锗重大资产重组方案经证监会上市公司重组审核委员会审核未获通过
2006-9-9	驰宏锌锗发布董事会决议公告，决定对申报材料进行修改和补充，而后重新报证监会审核
2006-11-27	证监会发布证监公司字〔2006〕258号，核准驰宏锌锗向云冶集团的非公开发行股票议案；同时发布证监公司字〔2006〕268号，同意豁免云冶集团要约收购义务
2006-12-4	驰宏锌锗发布《重大资产收购暨定向发行股份关联交易报告书》；云冶集团承诺，收购资金与收购资产价格之间的差额13 088.82万元不再要求驰宏锌锗支付

从驰宏锌锗非公开发行股票过程来看，有几点值得特别关注：一是股改和非公开发行股票捆绑在一起，“互为前提、同步推进”；二是股改预案出台前长期停牌，停牌长达41个交易日；三是股改对价方案经历了数次变更。这里面是不是有什么玄机呢？我们下面逐步进行分析。

2　巩固控制权地位：股权分置改革与非公开发行股票捆绑于一起

对于为何股改要与非公开发行股票捆绑在一起实施，时任云冶集团总经理的董英表示，主要原因有二：一是驰宏锌锗资源当中含有国家重要战略资源——锗金属。如果只进行股改，云冶集团控股比例将由51.49%下降到40%左右，在很长一段时间将会面临境外同行收购的风险。二是由于昭通矿铅锌资源储量丰富，将其收购至上市公司，不仅有利于提高公司金属矿石的保有储量和采选冶炼能力，还将有效消除潜在的同业竞争。

这些理由可信吗？

2.1 大股东为何非要绝对控股

根据《关于推进国有资本调整和国有企业重组指导意见》(国办发〔2006〕97号)的通知，国有资本的控制力是指国有经济保持绝对控股或相对控股；国资委据此进一步明确了相应的行业划分，绝对控股的行业主要指关系国家安全和国民经济命脉的重要行业和关键领域，即军工、电网电力、石油石化、电信、煤炭、民航、航运等，而对基础性和支柱产业领域的重要骨干企业保持较强控制力，即装备制造、汽车、电子信息、建筑、钢铁、有色金属、化工、勘察设计、科技等行业。驰宏锌锗所处的行业属于有色金属行业，国家并不强制性地要求其绝对控股，只要求相对控股即可。

那么是不是股改后驰宏锌锗的相对控股很不稳固，其地位会受到很大的威胁呢？我们研究了驰宏锌锗2005年年报和2006年一季度报告，除了大股东云冶集团持股比例达到51.49%外，其余股东无论是非流通法人股还是流通股，没有一家达到5%，并且在公司的前十大股东中，没有一家境外战略机构投资者持股。显见，如果单单进行股改而不进行非公开发行股票，大股东云冶集团所代表的国有资本也足以保证对上市公司的控制力。

同时，我们进一步比较了与驰宏锌锗同行业的其他上市公司的股权结构(见表2)，发现其他同行业上市公司在股改之后没有一家的股权结构中有达到绝对控股地位的股东，均值只有37.77%(中值35.84%)，驰宏锌锗股改后最大股东持股比例51.32%远远超过了行业均值和中位数。

表 2

驰宏锌锗同行业①股改前后股权结构表

证券代码	证券简称	股改前最大 股东持股比例	股改之后最大 股东持股比例
000060	中金岭南	46.66%	34.76%
000751	锌业股份	56.1%	43.12%
000758	中色股份	42.89%	33.34%
600331	宏达股份	22.92%	26.92%
600338	ST 珠峰	41.05%	36.31%
600497	驰宏锌锗	51.49%	51.32%
600531	豫光金铅	56.93%	45.97%
600961	株冶集团	35.26%	30.44%
行业中值		44.78%	35.84%
行业均值		44.16%	37.77%

资料来源：Wind 资讯数据库。

2.2 为什么不能在股改之后再进行绝对控股

退一步而言，假使驰宏锌锗的“战略”地位如此之重要，以致需达到国有经济必须绝对控股的地步，那么代表国有资本的大股东能否在股改之后再进行增资控股呢？这样是否存在政策上的限制呢？

国资委发布的《关于国有控股上市公司股权分置改革的指导意见》(国资发产权〔2005〕111 号)规定“股权分置改革完成一定时期后，……国有股东可以通过从资本市场增持公司股份的方式，巩固和增强自身控股地位，以保证国有经济布局和结构战略性调整目标的顺利实现”。《关于上市公司股权分置改革的指导意见》(证监发〔2005〕80 号)也强调“必要时国有股股东可通过证券市场增持股份”，可见，驰宏锌锗根本没必要将非公开发行股票与本已复杂的股

① 我们采用的行业分类是根据 Wind 资讯数据库中申银万国行业类别的划分，选取此行业划分原因有二：一是此行业划分类别较细，在有色金属纲下有专门的铅锌条目；二是在驰宏锌锗股改说明书中，股改对价参照公司中金岭南(000060)和宏达股份(600331)也只有在这个行业分类下才与驰宏锌锗共类。

改捆绑在一起，完全可以在股权分置改革完成后再进行针对大股东的非公开发行股票，或者通过大股东直接从证券市场上增持股份以达到绝对控股地位，这样也就更加能够保证股权分置改革过程符合“公开、公平、公正”的原则。

2.3 如果股改与非公开发行股票分别进行，情况又会如何

我们设想在股权分置改革之后，大股东即进行非公开发行股票，那么此时成本是几何呢？我们以2006年6月6日驰宏锌锗发布《股权分置改革方案实施公告》这一天作为其股权分置改革完成的基准日，计算其后20个交易日的股票均价为33.91元，相较于其实际非公开发行股票价格19.17元，大股东云冶集团需要多支付成本51 590万元，这是2005年驰宏锌锗当年净利润的3.94倍，是大股东云冶集团当年净利润的1.77倍[①]。可见，大股东将非公开发行股票捆绑于股改，从上市公司获取了巨额收益。

换一个角度，面对如此具有诱惑力的大股东资产，驰宏锌锗是否可以在股改之前收购这项资产呢？鉴于《关于上市公司股权分置改革的指导意见》(证监发〔2005〕80号)中要求实行“新老划断”，“对完成股权分置改革的上市公司优先安排再融资”，因此，驰宏锌锗无法在股改之前进行非公开发行股票，而只能通过资产置换来获得这项“优质”资源，我们来看一下股改前的驰宏锌锗是否有实力以其他方式收购大股东云冶集团下的昭通铅锌矿(其评估收购价款为80 184万元)。

从图1中可以清楚看出，驰宏锌锗自上市以来经营状况获得稳步提升，特别是2006年一季度经营绩效得到质的飞跃，其净利润、经营活动现金流相较于2005年同期分别上涨了182%，450%，达

① 具体计算为：大股东云冶集团需要多支付成本(33.91－19.17)×3 500＝51 590(万元)；由于驰宏锌锗2005年净利润为13 080万元，云冶集团净利润为29 087万元，所以：51 590÷13 080＝3.94(倍)，51 590÷29 087＝1.77(倍)。

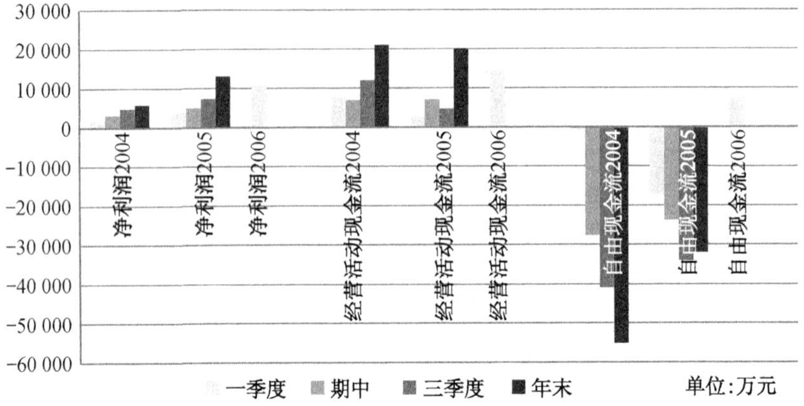

注:数据资料来源于上海证券交易所公布的上市公司定期报告。

图 1　驰宏锌锗 2004—2006 年基本财务状况

到了 10 733 万元、14 093 万元,自由现金流更是由 2005 年一季度的 —17 287 万元而扭转达到了历史最高点 7 264 万元,其完全有实力分阶段对大股东的资产通过现金或其他组合方式进行收购。同时,我们从表 3 也可看到,驰宏锌锗自上市以来每年都有分红方案,特别是 2006 年 8 月实施的 2005 年分红派息方案共计派发现金红利达到了 8 000 万元,这足以说明其有较为充足的自由现金流可供支配;在非公开发行股票完成后的 2006 年度,一次性派现达到 58 500 万元,树立了 A 股历史上派发现金额的新标杆,这也从侧面说明了驰宏锌锗根本没必要通过非公开发行股票来收购大股东资产,而完全可以通过自由现金流来达到收购这项资产的目的。

表 3

驰宏锌锗 2004—2006 年分红方案

年度	分红方案	预案公告日	派息日	基本股本（万股）	派息总额（万元）
2004	每股派息 0.30 元	2005-3-18	2005-6-29	16 000	4 800
2005	每股派息 0.50 元	2006-3-4	2006-8-29	16 000	8 000
2006	每 1 股送 1 股并派现 3 元	2007-3-9	2007-4-18	19 500	58 500

因此,通过前述分析可以看出,驰宏锌锗大股东之所以将股改

与非公开发行股票捆绑在一起的真正原因在于大股东不想使自己对上市公司的控制权受到丝毫威胁，因为证券市场的全流通，为上市公司控制权的争夺创造了条件，使敌意收购的可能性大为增加；大股东为了巩固自己对上市公司的控制权，为了长久地获取控制权收益，非公开发行股票无疑是一项低成本的手段。

3 大股东自交易：非公开发行股票定价、资产注入

3.1 大股东对非公开发行股票发行价格的操纵行为

非公开发行价格关乎新老股东的切身利益，直接影响原有股东的持股成本或在二级市场上的资本利得，因此，非公开发行对象无不希望以尽可能低的价格认购股份。按照《上市公司发行管理办法》中关于非公开发行价格的原则性规定，"发行价格不低于定价基准日前20个交易日公司股票均价的90%"，可见，基准日前20个交易日公司的股价水平是发行定价之关键。我们来看一下驰宏锌锗和大股东冶金集团是怎样在这方面做文章的。

驰宏锌锗采取的直接手段就是借股改之名，长期停牌，从而借规则变相人为压低非公开发行股票发行价格。驰宏锌锗股改预案停牌时间(从2006年2月27日至2006年4月24日)长达41个交易日，在这期间由于有色金属锌等价格的飞涨，使相关行业的上市公司股价随之大涨，进而使驰宏锌锗非公开发行股票的定价依据完全失去了参考意义。

通过图2可以看出，LME(伦敦金属交易所)锌的价格在驰宏锌锗股改停盘期间由2 249美元/吨涨至3 360美元/吨，上涨幅度达49.90%；国内锌的价格也由19 950元/吨持续攀升到30 350元/吨，上涨幅度达52.13%。锌价格的上涨直接导致了相关行业上市公司股价的大幅上涨，我们进一步分析了同行业其他上市公司在驰宏锌锗停牌期间的市场超额回报(见图3)，发现其达到了50%，也就是

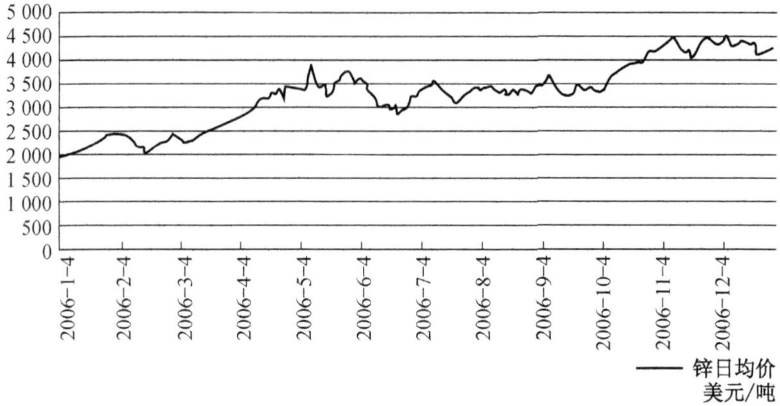

资料来源：伦敦金属交易所(LME)。

图 2　2006 年金属锌日均价

说驰宏锌锗非公开发行股票的理论参考价格至少应该是 30.39 元，可见漫长的停牌给大股东云冶集团带来的直接收益高达 3.93 亿元[①]，而这也远远超过 2005 年年末驰宏锌锗的净利润 1.31 亿元和大股东云冶集团的净利润 2.91 亿元。

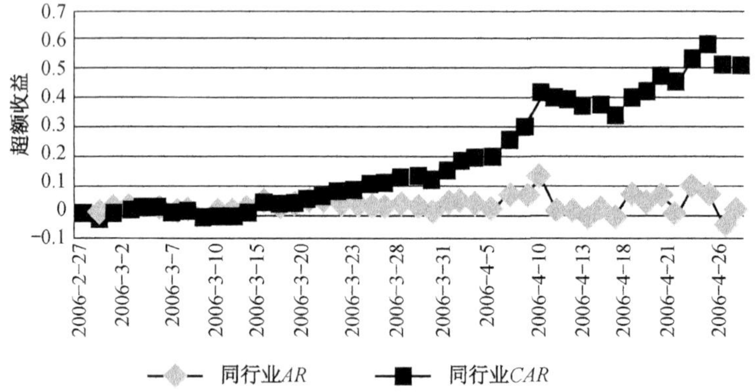

图 3　驰宏锌锗停牌期间同行业超额收益[②]

① 具体计算为：19.17＋19.17×(8.54％＋50％)＝30.39(元)(其中 8.54％是这期间上证 A 股综合收益率)；(30.39－19.17)×3 500＝39 277(万元)。

② 同行业 AR 指与驰宏锌锗同行业的上市公司股票与市场综指的日超额回报的平均值；同行业 CAR 为累积超额回报，即同行业 AR 的累积值。

我们进一步分析了驰宏锌锗同行业可比上市公司的发行市盈率和发行市净率(为便于比较,我们选取当时已经过股改的同行业上市公司中金岭南和宏达股份作为参照样本,这也是驰宏锌锗《股权分置改革说明书》中的股改对价参照公司),见表4。可见,驰宏锌锗非公开发行股票股份的市盈率和市净率都远低于同类可比的两家上市公司的均值,特别是市盈率不及均值的1/2,可见非公开发行股票定价太低。

表4

驰宏锌锗股改对价参照公司定价对照表

证券代码	证券简称	2006年一季度每股收益	2006年一季度每股净资产	参考价格	市盈率	市净率
000060	中金岭南	0.26	3.59	13.92	53.54	3.88
600331	宏达股份	0.15	2.53	11.59	76.65	4.58
均 值		—	—	—	65.10	4.23
600497	驰宏锌锗	0.67	5.18	19.17	28.57	3.70

注:中金岭南和宏达股份的参考价格是以驰宏锌锗董事会公告股改和非公开发行股票预案为基准日(2006年4月24日),计算其前20个交易日收盘价的算术平均值。

3.2 非公开发行股票所认购大股东资产的质量问题

驰宏锌锗非公开发行股票对象是大股东云冶集团下的昭通铅锌矿的100%权益,这项资产以2005年12月31日为评估基准日,经山东乾聚有限责任会计师事务所(以下简称“山东乾聚”)评估后,其资产评估净值为82 535万元,扣除评估基准日累计未分配利润2 351万元后,收购价款为80 184万元。这在以下方面存在诸多疑点。

3.2.1 上市公司所认购大股东资产的质量值得怀疑

通过分析山东乾聚[1]出具的“资产评估报告书”(以下简称“报告

① 山东乾聚有限责任会计师事务所的知名,可能源于“东方电子”造假一案,因为其连续5年“审计”东方电子财务年报,次次都是“无保留意见”,至今尚未完全摆脱东方电子虚假陈述民事赔偿案(其与东方电子等作为共同被告);其负责人刘天聚曾因此案于2002年6月被检察机关依法批准逮捕,后因健康原因被取保候审。由此也可看出山东乾聚的市场声誉状况。

书”),发现事务所对昭通铅锌矿流动资产、固定资产、无形资产等评估采用的是重置成本法,评估负债采用的是核实法。但是重置成本法与经典公司内在价值估价方法的核心思想是相悖的,因为重置成本法只适用于单项资产的价值评估。而收购资产昭通铅锌矿原本是一家独立法人,是一家集采矿、选矿、金属冶炼为一体的大型企业,因此是一项整体资产而不是单项资产,故而我们可以从公司定价理论出发以寻找更为合适的评估方法,以对评估结果进行验证。

我们采用收益现值法验证,假设公司持续经营,且不考虑增长率的估值模型:$V_0=\frac{X_0}{r}$,其中V_0代表公司价值,X_0代表当年净利润,r代表资本成本。通过评估报告,我们知道昭通铅锌矿评估基准日的净利润为 2 060 万元,评估资产价值为 82 534.85 万元,可以推算而知$r=2.5\%$,这说明昭通铅锌矿的股权融资成本非常之低,以至于基本与当时银行 1 年期定期存款利率 2.52%持平,这显然是不合理的,这也就说明严重高估了昭通铅锌矿的资产价值。

同时,我们分析了“报告书”中对昭通铅锌矿收购后 2006 年和 2007 年的盈利预测,发现 2006 年购并后预测其净利润可达 16 374.84万元,同比增加了 695%,增长如此之高,“报告书”解释为“参照 2006 年第一季度平均市场价格”,也就是说,这来源于产品价格的上涨(主要是锌),而产品在 1 年内上涨近 7 倍显然是不切实际的(从图 2 中我们也可看出实际上锌当年价格只上涨了 1.5 倍)。因此,即使不考虑企业并购所需时间的整合成本,预测的昭通铅锌矿未来盈利也远远超出了同行业的平均水平。同时,这还表明注册会计师对此没有保持应有的职业谨慎。

我们进一步分析了与昭通铅锌矿同行业的上市公司的财务指标后发现,昭通铅锌矿在 2005 年评估前、评估后,以及在 2002—2005 年间的平均盈利能力如下:净资产收益率分别为 2.50%,3.02%,4.42%,资产报酬率分别为 2.09%,2.44%,3.45%,均远远小于同行业均值8.90%，13.09%和同行业中值9.40%，14.75%；因此，这不得不让我们进一步怀疑评估价值的真实性。由上也可看出，政府部门所设计非公开发行股票这项制度安排的目标之一，“有利于提高资产质量、改善财务状况、增强持续盈利能力”难以实现。

3.2.2 中介机构的独立性值得怀疑

中介机构出具报告的可信性除了来自中介机构良好的市场声誉外，独立性也是一个重要方面。在本案例中，出具资产评估报告书的山东乾聚的委托方是昭通铅锌矿，其实质也就是驰宏锌锗的大股东云冶集团，这一安排显然存在颇多问题。其一：资产评估公司受雇于大股东，提高了大股东收买中介机构的可能性；其二，本次股改和非公开发行股票捆绑议案由大股东提出，驰宏锌锗本身就处于非公开发行股票收购大股东资产的被动地位，此举更加剧了对评估报告不可信度。因此，本案例中似乎由上市公司聘请评估公司更为合适，这样评估报告也就更能够代表上市公司全体股东的利益。

3.3 股东大会捆绑方案的通过值得质疑

驰宏锌锗在2006年5月24日召开有关非公开发行股票的临时股东大会，审议新增股份收购资产、新老股东共享新增股份前滚存的利润和授权董事会全权处理此次新增股份收购资产等相关事宜这三项表决议案。但是，大股东云冶集团仅认定第一项为关联交易行为并进行了回避，因此三项议案均“高票”通过。但是，后两项表决议案是不是关联交易，并且表决通过的持股比例要求应该是多少呢？

根据2006年《上市公司证券发行管理办法》的规定，“股东大会就发行证券事项作出决议，必须经出席会议的股东所持表决权的2/3以上通过。向本公司特定的股东及其关联人发行证券的，股东大会就发行方案进行表决时，关联股东应当回避”。同时，《上市公司股东大会规则》（证监发〔2006〕21号）也规定，“股东与股东大会拟审议事项有关联关系时,应当回避表决”。可见,关联交易的判定要遵从“实质重于形式”的原则,关键在于看表决议案与股东是否存在利害关系,而且这种关联交易的实施是否存在侵害其他非关联股东利益的可能。第二项议案“新老股东共享新增股份前滚存的利润”,实质上表决的是对大股东云冶集团非公开发行股票的股份能否享受上市公司以前年度滚存利润的事项,第三项议案实质上是就此项涉及大股东利益的重大关联交易或事项的授权问题,也是非公开发行股票过程中关联交易实现的必备条件,因此大股东云冶集团都是这两项议案的利害关联方,其均需对这两项议案回避表决。同时,第二、第三项议案均为非公开发行股票的相关事项或增资方案的组成部分,为非公开发行股票操作实施过程中的必备要件,其都属股东大会特别议案(涉及增加注册资本),故均需2/3的通过率。

由上分析,此次股东大会的合法结果应当是:第二、第三项议案赞成票率分别为63.51%、66.73%,其实质是该股东大会的第二项议案实际上被否决,第三项议案则勉强通过。可见,造成非公开发行股票议案“高票”通过假象的缘由在于关联方大股东云冶集团未就关联事项回避;换一个角度而言,这也说明小股东在股东大会上人微言轻,加之缺乏股权制衡,股东大会完全掌控于拥有绝对控制权的大股东手中。

4 反思政府部门所设计的制度安排的合理性

市场经济中,市场对资源配置起到决定性作用,政府的作用在于创造市场经济正常运行和有效发挥作用的条件和环境,因此可以说,政府的职责之一应该是市场运行机制规则的制定者和裁判者,并且其所制定的规则应该有利于市场有效运转;对资本市场而言,政府所设计的制度安排应该定位于保护投资者的利益,特别是中小股东的利益。但是,反观政府部门的制度设计——非公开发行制度，其目标之一却是“减少关联交易、避免同业竞争、增强独立性”，其实质上是面向大股东，旨在通过收购大股东资产的“整体上市”。也许，制度安排本身的初衷是好的，但是，这项制度设计能够达到这个目标吗？

4.1 非公开发行股票提高上市公司的独立性了吗

我们分析了非公开发行股票后公司董事会和监事会的主要人员情况（见表5）。发现非公开发行股票后，董事会虽然进行了改选（原董事长朱崇仁等人离职），但是董事会成员中除独立董事外基本上来自大股东云冶集团，且在大股东单位担当重要职务，而独立董事缺乏独立性是使当前我国独立董事制度未能在公司治理中发挥实质性作用所面临的不争事实（支晓强和童盼，2005），因此上市公司仍牢牢把持于大股东云冶集团手中；加之这些成员均只在大股东云冶集团而不在上市公司领取薪酬，这至少说明他们的薪酬契约的签订和考核要由大股东说了算，那么可以想象他们的切身利益与云冶集团更加紧密相关，他们也就会更加关注大股东集团的利益。由此也可看出，政府部门所设计的非公开发行股票制度安排旨在增强上市公司的独立性的目标没有实现。

表5

驰宏锌锗董事会和监事会主要人员情况表

姓名	上市公司职务	任职日期	股东单位名称	股东单位职务	领取报酬津贴单位
董英	董事长	2006-10-12	云南冶金集团总公司	总经理、党委副书记	云冶金集团总公司
王洪江	副董事长	2004-8-18	云南冶金集团总公司	副总经理、党委常委	云南冶金集团总公司
顾昆生	董事	2003-8-1	曲靖富盛铅锌矿有限公司	副董事长	曲靖富盛铅锌矿有限公司
俞德庆	董事	2006-10-12	云南冶金集团总公司	总工程师、党委常委	云南冶金集团总公司
周强	董事	2006-10-12	云南冶金集团总公司	副总经理、党委常委	云南冶金集团总公司

（续表）

姓名	上市公司职务	任职日期	股东单位名称	股东单位职务	领取报酬津贴单位
陈进	董事，总经理	2006-10-12			驰宏锌锗
张自义	监事会主席	2006-10-12	云南冶金集团总公司	总会计师	云南冶金集团总公司

资料来源：驰宏锌锗 2006 年年报。

4.2 驰宏锌锗非公开发行股票增加了股东财富了吗

我们进一步分析了非公开发行股票的经济后果，即对股东财富价值的影响，以实际证据来检验大股东通过非公开发行股票所注入资产后是否提高了上市公司资产质量、增强了其持续盈利能力。我们以证监会核准驰宏锌锗非公开发行股票议案为基准日(2006 年 11 月 27 日)，表示增发资产昭通铅锌矿实际注入上市公司的时间，以股票投资回报率来衡量非公开发行股票后的公司长期业绩。为了更清晰地了解驰宏锌锗的增发后的长期业绩，我们构造了一个与驰宏锌锗同行业的铅锌投资组合①以进行比较说明。

从图 4 可以看出，驰宏锌锗非公开发行股票在初始阶段是能够得到投资者认可的，市场预期良好，其累积超额收益(CAR_1)要明显高于我们所构造的铅锌投资组合，但随着时间的推移，CAR_1 值下降趋势十分明显，由最高时的 0.64 下降到 2007 年 9 月末的 0.16，这表明了市场投资者对驰宏锌锗定向增发行为理性预期的回归。当我们以上证综指作为市场回报时，计算出驰宏锌锗的累积超额回报(CAR_0)也显示出类似的结果。

驰宏锌锗非公开发行股票之后股东财富下降的原因可归结为以下几点：①大股东通过非公开发行股票的过度折价从公众股东处

① 我们按照申银万国行业分类所划分的铅锌类别中的上市公司，各购买相同股份进行投资组合；具体计算为：组合平均收益率 $= \sum w_i \cdot \mu_i$。其中，μ_i 为个股的平均收益率；w_i 为个股在组合所占的权重，即某品种持仓市值/组合持仓市值。

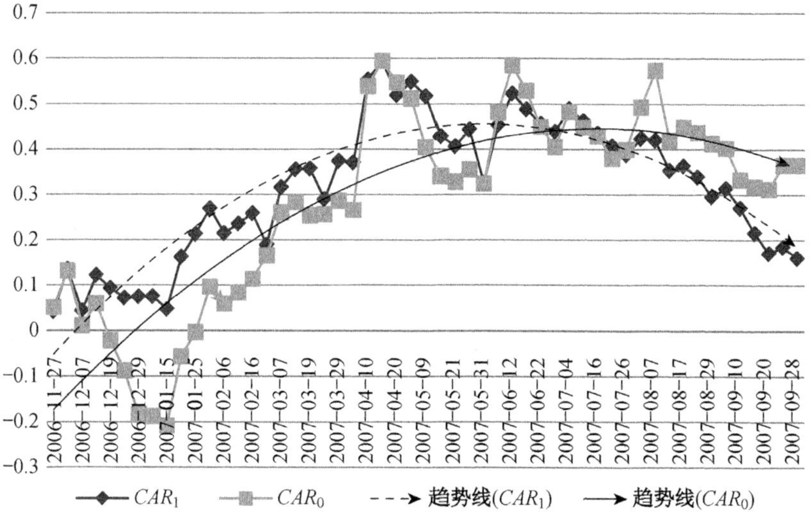

注：CAR_0 指驰宏锌锗与上证综指间的累计超额报酬率；CAR_1 指驰宏锌锗与我们所构造的铅锌投资组合间的累积超额报酬。

图4　驰宏锌锗非公开发行股票后股票回报率

转移了财富。由于非公开发行股票涉及新老股东利益分配，其复杂性表现为当大股东参与定向增发时，大股东一方面代表原有股东的利益，另一方面又代表新增股东的利益。此次非公开发行股票折价发行，驰宏锌锗的大股东100％认购增发股份，其以新股东身份认购所获得的财富收益大于其以原有股东身份(增发前的持股比例为51.49％)所遭受的损失，从而完成了财富转移。大股东所获得的财富转移收益恰恰就是公众股东财富的损失数额。这与张鸣和郭思永(2009)的研究结论一致。②大股东以低质实物资产认购股份。我们知道，新注入资产效用的发挥是需要时间的，而且这个资产效用发挥的过程也就是资产质量得到检验的过程。我们通过上述分析可以发现，驰宏锌锗通过非公开发行股票由大股东所注入的资产质量是不能令人满意的，累计超额报酬呈下降趋势恰恰再次验证了定向增发大股东资产质量的可疑性，这也说明了政府所设计的针对大股东非公开发行股票这项制度安排所能达到“提高资产质量、改善财务状况、增强持续盈利能力”的目标是值得怀疑的。

4.3 反思政府部门所设计的制度安排的合理性

在这里，我们首先需要思考的是：大股东为什么要拿出本来自己享有100%收益权的优质资产并注入上市公司，从而与他人分享？Friedman等(2003)提出了大股东“支撑行为(propping)”的概念，认为控制性股东在公司处于财务困境等状况时，会利用私人资源向上市公司输送。在我国，上市公司为取得上市资格而进行“包装”、为获得股权融资(配股和公开增发)资格或避免摘牌之时，大股东会向上市公司输送优质资源。另外，上市公司通过非公开发行股票进行再融资的门槛并不高，并且没有再融资之虞(因为一般还有其他的非公开发行股票对象，如机构投资者、战略投资者等，他们一般要求采用现金认购)，这样上市公司的大股东不存在“支撑行为”的动机。同时，可以看到，针对大股东的非公开发行股票本身就是一项重大关联交易，而关联交易具有的隐蔽性和复杂性使其监管难度很大，但是非公开发行股票时信息披露要求较低、监管部门实行简易审核程序，这些又都加剧了大股东在非公开发行股票时的机会主义行径。

对大股东在非公开发行股票中的机会主义行径，是否就应想当然认为相应的政策建议应该是加强监管，防止大股东借非公开发行股票之名而获取控制权收益、转移上市公司财富呢？本案例给了我们很好的答案。虽然驰宏锌锗的股改和非公开发行股票引起了股权分置改革以来最大的争议，激起了中小股东的强烈不满，但是，政府监管部门一直默默无语，最后以“大股东云冶集团承诺，为支持上市公司发展，收购资金与收购资产价格之间的差额13 088.82万元不再要求驰宏锌锗支付”而落下帷幕。当然，这个妥协的结果，政府部门在幕后做了很多努力。但是，让政府部门隐在幕后的原因，恰恰是驰宏锌锗的非公开发行股票方案形式上完全符合政府部门所设计的制度安排，这也就是说，制度设计本身存在的问题，引发了巨大的监管成本，使得政府面对大股东的“破坏”时显得束手无策。可见，如果我们进一步反思政府所制定的规则本身的合理性，那么，所谓大股东在非公开发行股票过程中的“机会主义行为”，仅仅是作为一个理性个体为了寻求自身利益最大化而对政府所设计的制度安排的正常回应而已；可见，问题的关键恰恰在于规则本身的合理性。因此说，政府制定的政策和规则再一次为大股东的机会主义行为披上合法和创新的外衣。

面对驰宏锌锗非公开发行股票中公众股东的强烈质疑，本案例也的确推动了政府监管部门对非公开发行制度的完善，进行了相应的亡羊补牢，主要包括：①股改方案的停牌约束。针对上市公司在股改过程中拖延不决、方案“难产”以及停牌时间过长的问题，上海证券交易所于2006年6月发布了《上市公司股权分置改革工作备忘录(第13号)》，对停牌期限作出严格规定，即上市公司在进入股改程序后、披露股改方案前，最多停牌4个交易日。②非公开发行股票基准价格的确定标准。2006年5月证监会颁布实施的《上市公司证券发行管理办法》(证监会第30号令)中，对定向增发发行价格的约束仅仅为“发行价格不低于定价基准日前二十个交易日公司股票均价的百分之九十”，且对“定价基准日”没有进行相应的解释，而驰宏锌锗正是利用此制度漏洞，压低了增发价格。于是，2007年9月，证监会在《上市公司非公开发行股票实施细则》(证监发行字〔2007〕302号)中明确了定价基准日为“计算发行底价的基准日。定价基准日可以为关于本次非公开发行股票的董事会决议公告日、股东大会决议公告日，也可以为发行期的首日”。③引入公开询价机制。由于原有制度中非公开发行股票的发行价格基本是由董事会决议确定，缺少公正性与透明度。为了防止出现财富转移、内幕交易等问题，《上市公司非公开发行股票实施细则》明确规定以竞价方式确定发行价格和发行对象，并规定“在发行期起始的前1日，保荐人应当向符合条件的特定对象提供认购邀请书”，由他们进行申购报价，这些发送对象除董事会决议公告后已经提交认购意向书的投资者、公司前20名股东外，还应当包含符合规定的至少35家询价对象。申购报价结束后，上市公司及保荐人应当对有效申购按照报价高低进行累计统计，按照价格优先的原则合理确定发行对象、发行价格和发行股数。上述这些措施，无疑突出了证券发行的市场价格约束机制和投资者约束机制，在防范公司操作股价以实现低价增发方面，强化了对公众投资者权益的保护。

5 研究结论

本研究通过驰宏锌锗针对大股东的非公开发行股票案例研究，发现大股东通过将股改和非公开发行股票捆绑于一起，操纵非公开发行股票发行价格、利用低质资产认购股份等手段巩固了在上市公司的控制权地位，获取了控制权收益，使中小股东利益受损。本研究还发现，由于作为市场运行机制规则制定者的政府所设计的非公开发行制度的缺陷，致使大股东利用对上市公司的控制权，方便地通过非公开发行股票这一关联交易“谋求”到了自身利益的最大化，侵害了中小股东的利益，加剧了大股东和中小股东之间的代理冲突。

附录2 证监会对上市公司不同融资方式发行审核的比较[①]

	公开发行	非公开发行股票
发审委会议	普通程序	特别程序
审核人数	每次参加发审委会议的发审委委员为7名。表决投票时同意票数达到5票为通过,同意票数未达到5票为未通过	每次参加发审委会议的委员为5名。表决投票时同意票数达到3票为通过,同意票数未达到3票为未通过
暂缓表决	(1)发审委委员发现存在尚待调查核实并影响明确判断的重大问题,应当在发审委会议前以书面方式提议暂缓表决。发审委会议首先对该股票发行申请是否需要暂缓表决进行投票,同意票数达到5票的,可以对该股票发行申请暂缓表决;同意票数未达到5票的,发审委会议按正常程序对该股票发行申请进行审核。(2)发审委会议对发行人的股票发行申请只能暂缓表决一次	不得提议暂缓表决
审核透明度	(1)中国证监会有关职能部门应当在发审委会议召开5日前,将会议通知、股票发行申请文件及中国证监会有关职能部门的初审报告送达参会发审委委员,并将发审委会议审核的发行人名单、会议时间、发行人承诺函和参会发审委委员名单在中国证监会网站上公布。(2)发审委会议对发行人的股票发行申请投票表决后,中国证监会在网站上公布表决结果。(3)发审委会议对发行人股票发行申请作出的表决结果及提出的审核意见,中国证监会有关职能部门应当向发行人聘请的保荐人进行书面反馈	中国证监会不公布发审委会议审核的发行人名单、会议时间、发行人承诺函、参会发审委委员名单和表决结果

① 根据2006年5月中国证监会第31号《中国证券监督管理委员会发行审核委员会办法》整理而得。

参考文献

Aghion P, Bolton P, Tirole J. 2004. Exit Options in Corporate Finance: Liquidity versus Incentives[J]. Review of Finance, 8 (3):327-353.

Aghion P, Tirole J. 1994. The Management of Innovation [J]. The Quarterly Journal of Economics, 109 (4):1185-1209.

Akerlof G A. 1970. The Market for "Lemons": Quality Uncertainty and the Market Mechanism[J]. The Quarterly Journal of Economics, 84 (3):488-500.

Akerlof G A. 2002. Behavioral Macroeconomics and Macroeconomic Behavior[J]. The American Economic Review, 92(3):411-433.

Alchian A. 1965. Some Economics of Property Rights[J]. Il Politico, 30: 816-829.

Allen F. 2005. Corporate governance in emerging economies[J]. Oxford Review of Economic Policy, 21 (2):164-177.

Allen F, Qian J, Qian M. 2005. Law, finance, and economic growth in China[J]. Journal of Financial Economics, 77 (1):57-116.

Alti A. 2006. How Persistent Is the Impact of Market Timing on Capital Structure[J]. The Journal of Finance, 61 (4):1681-1710.

Alti A, Sulaeman J. 2012. When do high stock returns trigger equity issues[J]. Journal of Financial Economics, 103 (1):61-87.

Atanasov V, Black B, Ciccotello C, Gyoshev S. 2010. How does law affect finance? An examination of equity tunneling in Bulgaria[J].

Journal of Financial Economics, 96 (1):155-173.

Bae K-H, Kang J-K, Kim J-M. 2002. Tunneling or Value Added? Evidence from Mergers by Korean Business Groups[J]. Journal of Finance, 57 (6):2695-2740.

Baek J-S, Kang J-K, Lee I. 2006. Business Groups and Tunneling: Evidence from Private Securities Offerings by Korean Chaebols[J]. Journal of Finance, 61(5):2415-2449.

Baker M, Wurgler J. 2002. Market Timing and Capital Structure[J]. The Journal of Finance, 57(1):1-32.

Barclay M J, Holderness C G. 1989. Private benefits from control of public corporations[J]. Journal of Financial Economics, 25 (2): 371-395.

Barclay M J, Holderness C G, D P Sheehan. 2007. Private Placements and Managerial Entrenchment[J]. Journal of Corporate Finance, 13 (4): 461-484.

Bebchuk L A, Kraakman R, G G Triantis. 2000. Stock Pyramids, Cross-Ownership, and Dual Class Equity: The Creation and Agency Costs of Separating Control from Cash Flow Rights[R]. Working paper.

Bebchuk L A, Neeman Z. 2010. Investor Protection and Interest Group Politics[J]. The Review of Financial Studies, 23 (3):1089-1119.

Berle A A, Means G C. 1932. The Modern Corporation and Private Property[M]. New York: Macmillan.

Bertrand M, Mehta P, Mullainathan S. 2002. Ferreting Out Tunneling: An Application to Indian Business Groups[J]. The Quarterly Journal of Economics, 117 (1):121-148.

Bhattacharya U, Daouk H. 2009. When No Law is Better Than a Good Law[J]. Review of Finance, 13(4):577-627.

Bhide A. 1993. The hidden costs of stock market liquidity[J]. Journal of Financial Economics, 34(1):31-51.

Brandeis L. 1914. Other People's Money[M]. New York: Stokes.

Brau J C, Fawcett S E. 2006. Initial Public Offerings: An Analysis of Theory and Practice[J]. The Journal of Finance, 61(1):399-436.

Bushman R M, Piotroski J D, Smith A J. 2004. What Determines Corporate Transparency[J]. Journal of Accounting Research, 42(2): 207-252.

Castro R, Clementi G L, MacDonald G. 2004. Investor Protection, Optimal Incentives, and Economic Growth[J]. Quarterly Journal of Economics, 119 (3):1131-1175.

Chakraborty I, Gantchev N. 2013. Does shareholder coordination matter? Evidence from private placements[J]. Journal of Financial Economics, 108 (1):213-230.

Chemmanur T J. 1993. The Pricing of Initial Public Offerings: A Dynamic Model with Information Production[J]. The Journal of Finance, 48 (1):285-304.

Chen A-S, Cheng L-Y, Cheng K-F, Chih S-W. 2010. Earnings management, market discounts and the performance of private equity placements[J]. Journal of Banking & Finance, 34 (8):1922-1932.

Chen K, Yuan H. 2005. Government Involvement, Market Forces, and the Pricing of Earnings: A Comparison of China's Tradable and Nontradable Shares[R]. Working paper.

Chen K C W, Yuan H. 2004. Earnings Management and Capital Resource Allocation: Evidence from China's Accounting-Based Regulation of Rights Issues[J]. The Accounting Review, 79 (3):645-665.

Chen Z, Xiong P. 2001. Discounts On Illiquid Stocks: Evidence From China[J]. Working paper.

Claessens S, Djankov S, Lang L H P. 2000. The separation of ownership and control in East Asian Corporations [J]. Journal of Financial Economics 58 (1-2):81-112.

Claessens S, Fan J. 2002. Corporate Governance in Asia: A Survey[J]. International Review of Finance, 3 (2):71-103.

Claessens S, Simeon D, Fan J P H, Lang L H P. 2002. Disentangling the Incentive and Entrenchment Effects of Large Shareholdings[J]. The Journal of Finance, 57 (6):2741-2771.

Coase R H. 1937. The Nature of the Firm[J]. Economica, 4 (16): 386-405.

Coase R H. 1960. The Problem of Social Cost[J]. Journal of Law and Economics, 3:1-44.

Cornett M M, Marcus A J, Tehranian H. 2008. Corporate governance and pay-for-performance: The impact of earnings management[J]. Journal of Financial Economics, 87(2):357-373.

Cronqvist H, Nilsson M. 2003. Agency Costs of Controlling Minority Shareholders[J]. The Journal of Financial and Quantitative Analysis, 38(4):695-719.

Cronqvist H, Nilsson M. 2005. The choice between rights offerings and private equity placements[J]. Journal of Financial Economics, 78(2): 375-407.

Dann L Y, DeAngelo H. 1988. Corporate financial policy and corporate control: A study of defensive adjustments in asset and ownership structure[J]. Journal of Financial Economics, 20:87-127.

Daske H, Hail L, Leuz C, Verdi R. 2008. Mandatory IFRS Reporting around the World: Early Evidence on the Economic Consequences[J]. Journal of Accounting Research, 46 (5):1085-1142.

Demsetz H. 1964. The Exchange and Enforcement of Property Rights[J]. Journal of Law and Economics, 7:11-26.

Djankov S, Porta R La, Lopez-de-Silanes F, Shleifer A. 2008. The law and economics of self-dealing[J]. Journal of Financial Economics, 88 (3):430-465.

Dyck A, Zingales L. 2004. Private Benefits of Control: An International Comparison[J]. The Journal of Finance, 59 (2):537-600.

Eckbo B E, Masulis R W. 1992. Adverse selection and the rights offer paradox[J]. Journal of Financial Economics, 32 (3):293-332.

Espen E B, Ronald W Masulis, Norli Ø. 2007. Security Offerings[R]. edited by Eckbo B E. Netherlands: North-Holland.

Faccio M, Lang L H P. 2002. The ultimate ownership of Western European corporations[J]. Journal of Financial Economics, 65 (3): 365-395.

Fama E F, Jensen M C. 1983. Separation of Ownership and Control[J]. Journal of Law and Economics, 26 (2):301-325.

Fan J, Wong T, Zhang T. 2007. Organizational structure as a decentralization device: evidence from corporate pyramids[R]. Working paper.

Fan J P H, Titman S, Twite G. 2012. An international comparison of capital structure and debt maturity choices [J]. The Journal of Financial and Quantitative Analysis, 47(1):23-56.

Fan J P H, Wei K C J , Xu X 2011. Corporate finance and governance in emerging markets: A selective review and an agenda for future research[J]. Journal of Corporate Finance, 17 (2):207-214.

Friedman E, Johnson S, Mitton T. 2003. Propping and tunneling[J]. Journal of Comparative Economics, 31 (4):732-750.

Frye T, A Shleifer. 1997. The Invisible Hand and the Grabbing Hand[J]. The American Economic Review, 87 (2):354-358.

Giannetti M, Simonov A. 2006. Which Investors Fear Expropriation? Evidence from Investors' Portfolio Choices[J]. Journal of Finance, 61 (3):1507-1547.

Glaeser E, Simon J, Shleifer A. 2001. Coase versus the Coasians[J]. The Quarterly Journal of Economics, 116 (3):853-899.

Glaeser E L, Shleifer A. 2003. The Rise of the Regulatory State[J]. Journal of Economic Literature, 41 (2):401-425.

Gompers P, Ishii J, Metrick A. 2003. Corporate Governance and Equity Prices[J]. The Quarterly Journal of Economics, 118 (1):107-155.

Graham J R, Harvey C R. 2001. The theory and practice of corporate finance: evidence from the field[J]. Journal of Financial Economics, 60 (2-3):187-243.

Grossman S J, Hart O D. 1980. Takeover Bids, The Free-Rider Problem, and the Theory of the Corporation[J]. The Bell Journal of Economics, 11 (1):42-64.

Grossman S J, Hart O D. 1988. One share-one vote and the market for corporate control[J]. Journal of Financial Economics, 20:175-202.

Hail L, Leuz C. 2006. International Differences in the Cost of Equity Capital: Do Legal Institutions and Securities Regulation Matter[J]. Journal of Accounting Research, 44 (3):485-531.

Hayek F. 1960. The Constitution of Liberty. England: Routledge & Kegan Paul Ltd.

Hertzel M, Lemmon M, Linck J S, Rees L. 2002. Long-Run Performance Following Private Placements of Equity[J]. The Journal of Finance, 57 (6):2595-2617.

Hertzel M, Smith R L. 1993. Market Discounts and Shareholder Gains for Placing Equity Privately [J]. The Journal of Finance, 48 (2): 459-485.

Holderness C G. 2003. A Survey of Blockholders and Corporate Control [J]. Federal Reserve Bank of New York Economic Policy Review, 9 (1):51-63.

Huang R, Ritter J R. 2005. Testing the market timing theory of capital structure[J]. Journal of Financial and Quantitative Analysis.

Jagolinzer A D, Larcker D F, Taylor D J. 2011. Corporate Governance and the Information Content of Insider Trades [J]. Journal of Accounting Research, 49 (5):1249-1274.

Jensen M C. 1986. Agency Costs of Free Cash Flow, Corporate Finance, and Takeovers [J]. The American Economic Review, 76 (2): 323-329.

Jensen M C, Meckling W H. 1976. Theory of the firm: Managerial behavior, agency costs and ownership structure [J]. Journal of Financial Economics, 3 (4):305-360.

Jensen M C, Meckling W H. 1995. Specific and general knowledge, and organizational structure[J]. Journal of Applied Corporate Finance, 8 (2):4-18.

Jian M, Wong T. 2010. Propping through related party transactions[J]. Review of Accounting Studies, 15 (1):70-105.

Jiang G, Lee C M C, Yue H. 2010. Tunneling through intercorporate loans: The China experience[J]. Journal of Financial Economics, 98 (1):1-20.

Johnson S, Boone P, Breach A, Friedman E. 2000a. Corporate governance in the Asian financial crisis [J]. Journal of Financial Economics, 58 (1-2):141-186.

Johnson S, Porta R L, Lopez-de-Silanes F, Shleifer A. 2000b. Tunneling [J]. The American Economic Review, 90 (2):22-27.

Kahl M, Liu J, Longstaff F A. 2003. Paper millionaires: how valuable is stock to a stockholder who is restricted from selling it[J]. Journal of Financial Economics, 67 (3):385-410.

Kahn A. 1970. The Economics of Regulation: Principles and Institutions [M]. Edited by 1. New York: Wiley.

Kahn A. 1971. The Economics of Regulation: Principles and Institutions. [M]. Edited by 2. New York: Wiley.

Kahn C, Winton A. 1998. Ownership Structure, Speculation, and Shareholder Intervention[J]. Journal of Finance, 53 (1):99-129.

Kasper W, Streit M E. 1998. Institutional economics: social order and public policy[M]. Cheltenham, U. K., and Northampton, Mass.: Edward Elgar Publishing.

Kayhan A, Titman S. 2007. Firms' histories and their capital structures [J]. Journal of Financial Economics, 83 (1):1-32.

King B F. 1966. Market and Industry Factors in Stock Price Behavior[J]. The Journal of Business, 39 (1):139-190.

Klein A. 2002. Economic Determinants of Audit Committee Independence [J]. The Accounting Review, 77 (2):435-452.

Kyle A S. 1985. Continuous Auctions and Insider Trading [J]. Econometrica, 53 (6):1315-1335.

La Porta R, Lopez-de-Silane F, Pop-Eleches C, Shleifer A. 2003. Judicial checks and balances[J]. Journal of Political Economy, 112 (2): 445-470.

La Porta R, Lopez-de-Silanes F, Shleifer A. 1999. Corporate Ownership around the World[J]. The Journal of Finance, 54 (2):471-517.

La Porta R, Lopez-De-Silanes F, Shleifer A, Vishny R W. 1997. Legal Determinants of External Finance[J]. The Journal of Finance, 52 (3):1131-1150.

La Porta R, Lopez-De-Silanes F, Shleifer A, Vishny R W. 1998. Law and Finance[J]. The Journal of Political Economy, 106 (6):1113-1155.

La Porta R, Lopez-de-Silanes F, Shleifer A, Vishny R W. 2000a. Agency Problems and Dividend Policies around the World[J]. The Journal of Finance, 55 (1):1-33.

La Porta R, Lopez-de-Silanes F, Shleifer A, Vishny R W. 2000b. Investor protection and corporate governance [J]. Journal of Financial Economics, 58 (1-2):3-27.

La Porta R, Lopez-De-Silanes F, Shleifer A, Vishny R W. 2002. Investor Protection and Corporate Valuation[J]. The Journal of Finance, 57 (3):1147-1170.

Landis J. 1938. The Administrative Process[M]. New Haven, CT: Yale University Press.

Leuz C D. Nanda P D Wysocki. 2003. Earnings management and investor protection: an international comparison [J]. Journal of Financial Economics, 69 (3):505-527.

Lewis W. 1955. The Theory of Economic Growth[M]. London: George Allen &Unwin.

Li S. 2010. Does Mandatory Adoption of International Financial Reporting Standards in the European Union Reduce the Cost of Equity Capital [J]. The Accounting Review, 85 (2):607.

Lin J Y. 1989. An Economic Theory of Institutional Change: Induced and Imposed Change. Cato Journal, 9 (1):1-33.

Longstaff F A. 1995. How Much Can Marketability Affect Security Values[J]. The Journal of Finance, 50(5):1767-1774.

Maynes E, Pandes J A. 2011. The Wealth Effects of Reducing Private Placement Resale Restrictions[J]. European Financial Management, 17 (3):500-531.

Mill J S. 1848. Principles of political economy with some of their applications to social philosophy[M]. 1973 reprint edition ed. Clifton: N. J. & A. M. Kelly.

Mingyi H. 2000. Accounting standards and value relevance of financial statements: An international analysis[J]. Journal of Accounting and Economics, 30 (3):401-420.

Modigliani F, Miller M H. 1958. The Cost of Capital, Corporation Finance and the Theory of Investment[J]. The American Economic Review, 48 (3):261-297.

Myers S C, Majluf N S. 1984. Corporate financing and investment decisions when firms have information that investors do not have[J]. Journal of Financial Economics, 13 (2):187-221.

North D. 1981. Structure and change in economic history. New York: Norton.

North D. 1990. Institutions, Institutional Change and Economic Performance[M]. Cambridge: Cambridge University Press.

Olson M. 1993. Dictatorship, Democracy, and Development[J]. American Political Science Review, 87 (3):567-576.

Olson M. 2000. Power and prosperity: Outgrowing communist and capitalist dictatorships[M]. New York: Basic Books.

Pagano M, Volpin P F. 2005. The Political Economy of Corporate Governance[J]. The American Economic Review, 95 (4):1005-1030.

Piotroski J D, Wong T. 2011. Institutions and information environment of Chinese listed firms[R]. Working paper.

Pistor K. 2000. Patterns of legal change: shareholder and creditor rights in transition economies [J]. European Business Organization Law Review, 1 (1):59-110.

Pistor K, Xu C. 2002. Law Enforcement under Incomplete Law: Theory and Evidence from Financial Market Regulation[R]. Working paper.

Pistor K, Xu C. 2003. Incomplete Law[J]. New York University Journal of International Law and Politics, 35 (4):931-1013.

Pistor K, Xu C. 2005. Governing Stock Markets in Transition Economies: Lessons from China[J]. American Law and Economics Review, 7 (1):184-210.

Poncet S. 2003. Measuring Chinese domestic and international integration [J]. China Economic Review, 14 (1):1-21.

Qian J, Strahan P E. 2007. How Laws and Institutions Shape Financial Contracts: The Case of Bank Loans[J]. Journal of Finance, 62 (6): 2803-2834.

Rajan R G, Zingales L. 2003. The great reversals: the politics of financial development in the twentieth century [J]. Journal of Financial Economics, 69 (1):5-50.

Roe M J. 2003. Political determinants of corporate governance: political context, corporate impact[M]. Oxford University Press, USA.

Securities and Exchange Commission. 1971. Institutional Investor Study Report. Washington, D. C.: U. S. Government Printing Office.

Seligman J. 1995. The Transformation of Wall Street: A History of the Securities and Exchange Commission and Modern Corporate Finance

[M]. Boston, MA: Northeastern University Press.
Shleifer A, Vishny R. 1998. The Grabbing Hand: Government Pathologies and Their Cures[M]. Harvard University Press.
Shleifer A, Vishny R W. 1986. Large Shareholders and Corporate Control [J]. The Journal of Political Economy, 94 (3):461-488.
Shleifer A, Vishny R W. 1997. A Survey of Corporate Governance[J]. The Journal of Finance, 52 (2):737-783.
Shleifer A, Wolfenzon D. 2002. Investor protection and equity markets [J]. Journal of Financial Economics, 66 (1):3-27.
Silber W L. 1991. Discounts on Restricted Stock: The Impact of Illiquidity on Stock Prices[J]. Financial Analysts Journal, 47 (4):60-64.
Slovin M B, Sushka M E, Lai K W L. 2000. Alternative flotation methods, adverse selection, and ownership structure: evidence from seasoned equity issuance in the U. K. [J]. Journal of Financial Economics, 57 (2):157-190.

Stein J C. 1996. Rational Capital Budgeting In An Irrational World[J]. The Journal of Business, 69 (4):429-455.
Stevenson B, Wolfers J. 2011. Trust in Public Institutions over the Business Cycle[J]. American Economic Review, 101 (3):281-287.
Stulz R M. 1988. Managerial control of voting rights: Financing policies and the market for corporate control [J]. Journal of Financial Economics, 20:25-54.
Stulz R M, Williamson R. 2003. Culture, openness, and finance[J]. Journal of Financial Economics, 70 (3):313-349.
Tang V W. 2007. Economic Consequences of Mandatory Disclosure Regulation: Evidence from Rule 144A Equity Private Placements[R]. McDonough School of Business Working Paper, Georgetown University.
Wang Q, Wong T J, Xia L. 2008. State ownership, the institutional environment, and auditor choice: Evidence from China[J]. Journal of

Accounting and Economics, 46 (1):112-134.

Williamson O E. 1979. Transaction-Cost Economics: The Governance of Contractual Relations[J]. Journal of Law and Economics, 22 (2): 233-261.

Williamson O E. 1985. The economic institutions of capitalism[M]. New York: The New York.

Wruck K, Wu Y. 2005. The Value of Relationship Investing: Evidence from Private Placements of Equity by US Public Firms [R]. Unpublished working paper (Ohio State University and Hong Kong University of Science and Technology).

Wruck K H. 1989. Equity ownership concentration and firm value : Evidence from private equity financings [J]. Journal of Financial Economics, 23 (1):3-28.

Wu Y. 2004. The choice of equity-selling mechanisms[J]. Journal of Financial Economics, 74 (1):93-119.

Young A. 2000. The Razor's Edge: Distortions and Incremental Reform in the People's Republic of China [J]. The Quarterly Journal of Economics, 115 (4):1091-1135.

Zingales L. 1994. The Value of the Voting Right: A Study of the Milan Stock Exchange Experience[J]. Review of Financial Studies, 7 (1): 125-148.

Zingales L. 2009. The Future of Securities Regulation[J]. Journal of Accounting Research, 47 (2):391-425.

蔡传里,许家林. 2010 上市公司信息透明度对股票流动性的影响——来自深市上市公司 2004—2006 年的经验证据[J]. 经济与管理研究,(8): 88-96.

曹沛霖. 1998. 政府与市场[M]. 杭州:浙江人民出版社.

曾庆生,陈信元. 2011. 大股东的社会性负担与资金占用——基于国有企业改制上市的经验研究[J]. 中国会计与财务研究,13(1):122-148.

陈冬华,陈信元,万华林. 2005. 国有企业中的薪酬管制与在职消费[J]. 经济研究,(2):92-101.
陈冬华,章铁生,李翔.2008.法律环境、政府管制与隐性契约[J].经济研究,(3):60-72.
陈辉,顾乃康,万小勇.2011.股票流动性、股权分置改革与公司价值[J].管理科学,(3):43-55.
陈文浩,刘春江,陈晓懿.2012.管制放松背景下的利率变动与公司资本结构动态调整——基于制造业的经验分析[J].财经研究,(12):63-73.
陈信元,叶鹏飞,陈冬华.2003.机会主义资产重组与刚性管制[J].经济研究,(5):13-22.
程新生,谭有超,廖梦颖.2011.强制披露、盈余质量与市场化进程——基于制度互补性的分析[J].财经研究,37(2):60-71.
邓路,王化成,李思飞.2011.上市公司定向增发长期市场表现:过度乐观还是反应不足?[J]中国软科学,(6):167-177.
樊纲,王小鲁,朱恒鹏.2007.中国市场化指数———各地区市场化相对进程2007年度报告[M].北京:经济科学出版社.
樊纲,王小鲁,朱恒鹏.2011.中国市场化指数:各地区市场化相对进程2011年报告[M].北京:经济科学出版社.
方舟,倪玉娟,庄金良.2011.货币政策冲击对股票市场流动性的影响——基于Markov区制转换VAR模型的实证研究[J].金融研究,(7):43-56.
弗里德曼.1982.自由选择[M].北京:商务印书馆.
高芳,傅仁辉.2012.会计准则改革、股票流动性与权益资本成本——来自中国A股上市公司的经验证据[J].中国管理科学,(4):27-36.
高雷,宋顺林.2007.掏空、财富效应与投资者保护——基于上市公司关联担保的经验证据[J].中国会计评论,(1):21-42.
高雷,宋顺林.2008.关联交易、线下项目与盈余管理——来自中国上市公司的经验证据[J].中国会计评论,(1):61-78.
顾乃康,陈辉.2009.股票流动性与企业资本结构的决定——基于中国上市公司的经验证据[J].财经研究,(8):37-48.
管征,卞志村,范从来.2008.增发还是配股?上市公司股权再融资方式选择研究[J]. 管理世界,(1):136-144.

郭杰,张英博. 2012. 企业择时还是市场择时? ——中国特定制度背景下IPO市场时机选择对资本结构的影响[J]. 金融研究,(7):137-153.

郭雳. 2004. 美国证券私募发行法律问题研究[M]. 北京:北京大学出版社

郭思永,张林新,张鸣. 2010. 论股权结构内生性——来自上市公司股权再融资选择的证据[J]. 中南财经政法大学学报,(3):106-112.

郭思永,张鸣. 2011. 公开增发还是定向增发——基于财富转移视角的上市公司股权再融资方式选择研究[J]. 经济与管理研究,(11):44-51.

郭思永,张鸣. 2013. 定向增发缘何演变成大股东获取控制权收益的工具? ——基于驰宏锌锗案例的研究[J]. 南京审计学院学报,(4):47-57.

何贤杰,朱红军. 2009. 利益输送、信息不对称与定向增发折价[J]. 中国会计评论,(3):283-298.

何兴强,周开国. 2006. 牛、熊市周期和股市间的周期协同性[J]. 管理世界,(4):35-40.

侯青川,靳庆鲁,余为政. 2012. 基金治理与非流通控股股东"合谋":基于中国股权分置改革的实证研究[J]. 中国会计与财务研究,14(3):56-79.

华生. 2006. 非整体上市是后股权分置时代的最大制度漏洞[J]. 金融经济,(11):16-17.

黄少安,张岗. 2001. 中国上市公司股权融资偏好分析[J]. 经济研究,(11):12-20.

焦津洪,娄家杭. 2002. 中国股票非公开发行研究——以美国法为视角[J]. 中外法学,(4):485-498.

靳庆鲁,原红旗. 2006. 股改对价反映了公司的盈利和风险吗? [J]中国会计与财务研究,8(4):1-46.

靳庆鲁,原红旗. 2009. 公司治理与股改对价的确定[J]. 经济学(季刊),8(1):249-270.

靳云汇,杨文. 2002. 上海股市流动性影响因素实证分析[J]. 金融研究,(6):12-21.

雷光勇,范蕾. 2009. 市场化程度、内部人侵占与审计监督[J]. 财贸经济,

(5):61-67.
李东平.2001.大股东控制、盈余管理与上市公司业绩滑坡[D].上海财经大学博士学位论文.
李增泉,孙铮,王志伟.2004."掏空"与所有权安排——来自我国上市公司大股东资金占用的经验证据[J].会计研究,(12):3-13.
李增泉,余谦,王晓坤.2005.掏空、支持与并购重组——来自我国上市公司的经验证据[J].经济研究(1):95-105.
李志文,宋衍蘅.2003.影响中国上市公司配股决策的因素分析[J].经济科学,(3):59-69.
郦金梁,雷曜,李树憬.2012.市场深度、流动性和波动率——沪深300股票指数期货启动对现货市场的影响[J].金融研究,(6):124-138.
廖士光.2007.公司规模与股票流动性关系研究——上海股市的经验证据[J].当代经济管理,(6):93-96.
刘峰,贺建刚,魏明海.2004.控制权、业绩与利益输送——基于五粮液的案例研究.管理世界,(8):102-110.
刘力,王汀汀.2003.不应忽略股票的流通权价值——兼论中国股票市场的二元股权结构问题[J].管理世界,(9):46-51.
卢闯,李志华.2011.投资者情绪对定向增发折价的影响研究[J].中国软科学,(7):155-164.
陆铭,陈钊.2009.分割市场的经济增长——为什么经济开放可能加剧地方保护?[J]经济研究,(3):42-52.
宁宇新,柯大钢.2006.控制权转移和资产重组:掏空抑或支持——来自中国资本市场的经验证据[J].中国会计评论,(2):277-290.
沈艺峰,肖珉,林涛.2009.投资者保护与上市公司资本结构[J].经济研究,(7):131-142.
沈艺峰,许年行,杨熠.2004.我国中小投资者法律保护历史实践的实证检验[J].经济研究,(9):90-100.
世界银行.2006.政府治理、投资环境与和谐社会:中国120个城市竞争力的提高[M].北京:中国财政经济出版社.
苏冬蔚,曾海舰.2011.宏观经济因素、企业家信心与公司融资选择[J].金融研究,(4):129-142.
唐宗明,蒋位.2002.中国上市公司大股东侵害度实证分析[J].经济研究,(4):44-50.
汪冬华,雷曼,阮永平,汪辰.2012.中国股市和债市溢出效应在牛熊市中的异化现象——基于上证综合指数和中债总指数的实证研究[J].预测,31(4):46-52.
王旻,杨朝军,廖士光.2008.中国股票市场流通性价值研究——基于非流通股协议转让与限售股转让的证据[J].财经研究,34(3):81-94.
王明涛,何浔丽.2011.我国货币政策对股票市场流动性风险的影响——基于流动性波动性的风险测度方法[J].经济管理,(3):8-16.
王正位,王思敏,朱武祥.2011.股票市场融资管制与公司最优资本结构[J].管理世界,(2):40-48.
王正位,朱武祥,赵冬青.2007.发行管制条件下的股权再融资市场时机行为及其对资本结构的影响[J].南开管理评论,(6):40-46.
文贯中.2002.市场机制、政府定位和法治——对市场失灵和政府失灵的匡正之法的回顾与展望[J].经济社会体制比较,(1):1-11.
吴超鹏,郑方镳,林周勇,李文强,吴世农.2006.对价支付影响因素的理论和实证分析[J].经济研究,(8):14-23.
吴江,阮彤.2004.股权分置结构与中国上市公司融资行为[J].金融研究,(6):56-67.
吴志攀,白建军.2000.证券市场与法律[M].北京:中国政法大学出版社.
夏立军,陈信元.2007.市场化进程、国企改革策略与公司治理结构的内生决定[J].经济研究,(7):82-95.
夏立军,方轶强.2005.政府控制、治理环境与公司价值——来自中国证券市场的经验证据[J].经济研究,(5):40-51.
徐斌,俞静.2010.究竟是大股东利益输送抑或投资者乐观情绪推高了定向增发折扣——来自中国证券市场的证据[J].财贸经济,(4):40-46.
亚当·斯密.1776.国民财富的性质和原因的研究[M].北京:商务印书馆.
颜淑姬.2012.资产注入——利益输入或利益输出?[J]商业经济与管理,(3):75-84.

杨高宇. 2012. 基于货币供应周期的股市周期拐点判别与资产配置研究[J]. 上海金融,(2):64-68.
姚颐,刘志远. 2011. 投票权制度改进与中小投资者利益保护[J]. 管理世界,(3):144-153.
尹筑嘉,文凤华,杨晓光. 2010. 上市公司非公开发行资产注入行为的股东利益研究[J]. 管理评论,(7):17-26.
于绪刚. 2000. 美国私募发行制度研究//证券市场与法律[M]. 吴志攀,白建军. 北京:中国政法大学出版社,209-250.
原红旗,王纪伟,杨静. 2008. 上市公司股份制改制中资产评估操纵的动机及其经济后果[J]. 中国会计与财务研究,10(3):64-111.
原红旗,杨静. 2005. 资产置换的动机及其经济后果[R]. 工作论文.
张鸣,郭思永. 2009. 大股东控制下的定向增发和财富转移——来自中国上市公司的经验证据[J]. 会计研究,(5):78-86.
张人骥,刘春江. 2006. 控股溢价、流通溢价与上市公司要约收购:南钢股份案例研究[J]. 管理世界,(2):123-133.
张祥建,徐晋. 2005. 股权再融资与大股东控制的"隧道效应"——对上市公司股权再融资偏好的再解释[J]. 管理世界,(11):127-136.
章卫东. 2007. 定向增发新股、整体上市与股票价格短期市场表现的实证研究[J]. 会计研究,(12):63-68.
章卫东. 2010. 定向增发新股与盈余管理——来自中国证券市场的经验证据[J]. 管理世界,(1):54-63.
章卫东,赵安琪. 2012. 定向增发新股长期股东财富效应的实证研究——来自中国上市公司定向增发新股的经验证据[J]. 上海经济研究,(1):42-52.
郑琦. 2008. 定向增发对象对发行定价影响的实证研究[J]. 证券市场导报,(4):33-36.
支晓强,童盼. 2005. 盈余管理、控制权转移与独立董事变更——兼论独立董事治理作用的发挥[J]. 管理世界,(11):137-144.
周业安,周洪荣,孙瑞. 2011. 市账率:权衡还是择时?[J]管理世界,(4):15-25.

朱红军,何贤杰,陈信元. 2008. 定向增发“盛宴”背后的利益输送:现象、理论根源与制度成因[J]. 管理世界,6:136-147.

朱红军,江峰,喻立勇. 2007. 内部人控制、整体上市与资源配置效率——TCL集团整体上市的案例研究[J]. 上海立信会计学院学报,(3):80-90.

邹斌,章卫东,周冬华,王珏伟. 2011. 定向增发与公开增发新股融资股东财富效应的实证研究[J]. 经济评论,(6):81-87.

后　记

本书稿的选题来自我的博士论文，因此，首先应感谢我的博士生导师张鸣先生。先生是财务方面的专家，但是对学生确定选题给予极大的自由，且从不把自己的观点强加给学生，常常鼓励我们说，好的选题来自现实生活，强调要有坚实的理论基础。先生的课也讲得极好，讲课内容与现实联系密切而生动，又因理论扎实而深入，上海财大老师上课水平恐无人能出其右。先生为人真实，面对问题毫无假借，不轻然诺，诺必践之。先生为人豁达，对学生很是关心，对我的邮件，总是及时回复，切中要点；先生体谅当前现实下读书的苦楚，希冀学生在生活、研究和教学三者之间达到平衡。

我的硕士生导师是张人骥先生。读硕士之前，我对研究生的概念是模糊的，潜意识认为研究生的课程无非就是在本科阶段的课程前面加上"高级"两字，研究生课程中最深奥的知识莫过于高级会计学中的合并报表，再加上离开校园多年，当时四顾而心茫然。是张老师导引我步入科学研究的殿堂，想起张老师第一学期要求我阅读的那本 *Principles of Corporate Finance*，16 开的 1 000 多页的英文书，我一字一句读了下来，当时读后的自我感觉就像打通了任督二脉。后来张老师又给我们指定阅读文献，并组织讨论，我才慢慢知道研究生应该怎么去获取知识。时常忆起张老师组织我们的讨论课，告诉我们做文章就是如何讲故事，怎样把故事讲得"有趣"，如何剪去枝蔓，留其精干。

两位恩师的谆谆教诲，学生将铭记于心！

上海财大，我的硕士和博士生涯都是在这儿度过的。在学业上，上海财大会计学院聘请了海外一流的教授为我们授课，这些海外学者皆是各领域的“大牛”，为我们带来了规范的研究方法和国际上学术研究的前沿动态，不仅为我们今后研究打下了坚实基础，而且拉近了我们与国际研究前沿领域的距离，拓展了我们的视野。更为重要的是，财大宽松的研究氛围、多彩的讲座引导我涉猎不同学科，促使我阅读和思考，而阅读又带来了我思想的深刻改变，对一些以前深信不疑的东西，突然发现那是如此可笑，世界在我面前逐渐清晰。

非常感谢国家社科基金委和上海市教委，在我学术生涯的起步阶段，给我在课题资金上的资助和对我研究的肯定，使我的研究和教学生涯有一个良好的开端；同样，我要感谢上海立信会计学院对我的资助。“财产是自由的保证”，没有这些资助，仅靠微薄的工资，很难保证我的研究能够进展下去。

最后，我要把整部书稿献给我已经离世的父亲。父亲在年近不惑才有了我，印象中，父亲慈爱但不失严厉。念小学的时候，每一次在学校闯了祸，总是父亲去学校替我检讨，或拎着东西去同学家赔不是，每次我都吓得不得了，但父亲回家后从没有过多的责骂。父亲似乎很会做思想工作，每次从学校开家长会回来，父亲都会另找时间与我长谈，记得有几次谈得我还哇哇大哭。

父亲对我的成长很关心。小学读书的学校离家近一些，但是教学质量可能比较差，我的成绩是全校第二名，但是却考不上市里的重点初中，因而只能就读镇上的初中。后来，父亲托关系让镇上的初中放我转校，又托关系送我到城里好的初中去读书。读初中的学校离家很远，要骑自行车，每天早上都是父亲在精确时间叫我起床，早饭常常是一碗面条两个鸡蛋拌一点麻汁。后来，父亲得病住院，我才知道父亲最爱这种吃法。

初中快毕业时，我通过预选获得了考中专的资格（那时候读中专就意味跳出农门，上学可以不用自己花钱了，因此很热门，只有被预选上了才有资格去考，一个学校也没有几个能被预选上），当时我心里挺得意，高高兴兴填报了志愿。但父亲为此可能考虑了一晚上，没提前和我商量，在最后时刻到学校把我的名额给退掉了，让我考高中，以后考大学，记得当时我好像委屈得不得了，和父亲大吵了一顿。

父亲出生在山东周村，只有高小学历，早年很小就离家在外做学徒。父亲曾给我讲起在徐州的一家蛋糕店中做学徒的经历，那时的老板会让刚入门的学徒一日三餐吃蛋糕，这样一个礼拜后，学徒就会吃腻，以后一吃蛋糕就想呕，也就再也不会偷吃店里的蛋糕。当时觉得好可笑。父亲告诫我，人千万不能太贪，做和钱打交道的工作，尤甚。父亲后来一直在企业中做会计，人家都称他“郭会计”。但父亲从未系统学过会计，父亲说他当年没有人教，就是找了本会计方面的书硬啃下来的。后来我给学生上过基础会计，才感觉到会计还是很抽象的，想入门并不容易。这也看出父亲的悟性很高，韧性十足。父亲在20世纪80年代成为我们县城最早的一批会计师（中级职称），当时的荣誉奖品是一个刻着“从事会计工作三十年”的瓷台灯，父亲很骄傲，我也很喜欢，我上大学前一直伴随着我读书。父亲在单位带了几个徒弟，并给他们上课，我见过他备课的笔记，一笔一划，很是认真。90年代初父亲退休后，又被一家企业返聘去做财务，每天早上和下午会有专门的小轿车来接送，想来父亲的业务做得真的是很不错。

父亲不善言谈，很顾家，由于孩子多，又要照顾老人，父亲习惯于精打细算，一个记账的小本，记录了每月的收入和支出。有挺长一段时间，父亲会从单位拿一些加工衣服拉链的工作到家里来做以补贴家用，晚饭后，全家人集体上阵，忙忙碌碌。赚了钱，父母亲会问我们每个人想要点什么，作为劳动奖励。我记得，那时贪玩的我要了一本词典。每年过年前，父亲都会列上采买的详细计划，休息日骑自行车带我去新华书店买小人书、理发、洗澡、采购鞭炮和买瓜子花生等年货，年味十足，这也让我很早就知道了什么是开源节流，量入为出。父亲的动手能力也很强，除了做菜，砌墙、油漆、电工、修自行车，在我的印象中他什么都会做。

我是家中老小，上面四个姐姐，小的时候，姐姐们帮着父母照看我，督促我学习，长大了，她们又无私地支持我安家立业。父母退休后，家里的大事小情，全由姐姐、姐夫们出面去做，是他们孝敬父母，照顾了整个大家庭，让我能安心在外读书、工作。

还要衷心感谢我的岳父万良农先生和岳母高慧娟女士，他们为人宽容，书稿写作期间和我在台湾访学期间，恰是妻子怀孕和孩子幼小阶段，他们悉心照料，从无怨言，使我能够安心完成科研工作。我还要深深感谢我的妻子万莉和女儿郭米嘉。妻子心地善良，能够包容我的坏脾气和理解我的工作。女儿聪颖，为我们带来了无穷的乐趣，让我感念人生的美好。

立信会计出版社的孙勇先生，敬业，待人真诚，对书稿悉心指点，在此敬致谢忱。

郭思永

2016 年 9 月于上海松江